JN326166

環境を考えた不動産は価値が上がる

不動産の「環境付加価値」理論とその実践

(社)日本不動産鑑定協会 調査研究委員会

住宅新報社

まえがき

1997年に京都議定書が採択され、わが国は温室効果ガスの６％削減を約束し、必要な措置を採ってきました。しかし2006年度のわが国の温室効果ガス排出量は1990年の基準年度の排出量に対して6.4％上回っていますので、６％削減達成のために内閣総理大臣を本部長とする地球温暖化対策推進本部では、計画の見直しをはかりさまざまな部門で一層の削減に努めるような対策案を決定し、2010年には計画の達成をめざしています。

また、2008年６月、財務省においても霞ヶ関低炭素社会を嚆矢として、庁舎・宿舎の環境対策について省CO_2や省コストの効果を評価する方法や削減要求水準を継続的に実効あらしめる方策について検討する必要に言及しています。具体的には同年７月に「霞ヶ関低炭素社会」の実現に向けて、太陽光発電導入、建て替えによる省エネ性能の向上、ヒートアイランド対策等が行動計画として閣議決定されました。

このように国際的にも国内的にも環境対策は21世紀の最重要課題と受け止められており、

人類の存続にかかわる大問題といっても過言ではありません。

これらを踏まえて、㈳日本不動産鑑定協会調査研究委員会では、伊藤雅人副委員長を中心に、環境が不動産価値に与える影響を検討し、そのメカニズムを解き明かすことを試みました。このたび、一応の成果がまとまり出版の運びとなりました。

省CO_2や省コストをどのように資産価格に反映させるか、新しい概念であるグリーンビルが市場、とりわけテナントにどのように受け入れられるか、環境リスクと収益性との関連等、不動産鑑定評価にかかわる環境要因は多様化しています。今後はこういった要因が評価にあたって重要な役割を果たすことになると思われます。

現在のところ、鑑定実務において参考や指針となる資料は極めて少なく、本書の内容は不動産の専門家だけでなく、行政や建築の関係者、研究者等広範囲の好学の士にとって有益かつ貴重な情報としてお役に立つものと思います。本書が実務や研究に利用されることを期待いたします。

本書の出版にあたっては、㈱住宅新報社ほかの関係者のご尽力に深く感謝する次第です。

2009年５月

㈳日本不動産鑑定協会調査研究委員会
委員長　　緒　方　瑞　穂

社団法人 日本不動産鑑定協会 調査研究委員会
環境付加価値ワーキンググループ委員

伊藤雅人　(調査研究委員会副委員長、環境付加価値ワーキンググループ座長　住友信託銀行㈱　不動産総合コンサルティング部鑑定・CSR担当次長)
第１章、第２章第１節・第３節、第３章第１節・第３節、第５章第２節・第３節、第６章、第７章及び総合編集担当

小林達哉　(調査研究委員会副委員長、㈱アセッツアールアンドディー執行役員)
第２章第２節・第４節担当

阿部隆志　(東京建物㈱　鑑定部　グループリーダー)
第４章担当

高井啓明　(㈱竹中工務店　設計本部　設備担当部長)
第２章第１節、第５章第１節及び第７章担当

御所園健士　(㈱山武　ビルシステムカンパニー　環境ソリューション本部環境マネジメント推進部　係長)
第３章第２節及び第７章担当

序章　「環境付加価値」と、本書の構成について

地球環境問題の深刻化が叫ばれる中で、日本は世界に誇る環境配慮技術を保有しながらも、国内の不動産に関しては十分な対応がなされていないものと考えられる。

地球温暖化、生物多様性危機、エネルギー危機、廃棄物問題といった地球環境問題への対応に関して、「あるべき姿」と「不動産業界の現状」とのギャップは大きくなっており、このような乖離をいずれかの時期に埋めなくてはならないという意味で、不動産は大きな「環境リスク」を抱えていることとなる。

環境に配慮した不動産は、このような「環境リスク」を低減し、さらに水道光熱費削減や生産性向上、償却負担削減、イメージ向上等、経済価値の向上に結びつく要因を数多く具有しているものと考えられる。

このように、不動産が単独で、あるいは地域や町単位で環境に配慮することにより生じる経済価値の向上分を、本書においては「環境付加価値」と称しているが、今のところ国内不動産マーケットにおいて「環境付加価値」に関する認識は低く、従って市場価値を判定する鑑定評価もまた、これを捉えにくい実情にある。

しかし、マーケットにおいて環境配慮効果の認識が浸透するまで、不動産鑑定士等の専門家は何もできないか。価格形成要因の変化をいち早く感じ取ることのできる専門家は、たとえそれがマーケットに発現されていなくとも、その効果や導入のメリットを理論的に実証し、普及促進のためのビジネスにも積極的に参入する道があるのではないか。

そのような思いから、同じ志を持つ不動産鑑定士のほか、環境配慮建築に詳しい専門家やエネルギー・コンサルタントも専門委員に加わり、「環境付加価値ワーキンググループ」を組成し、調査研究を進めているところである。

本書においては先ず、今なぜ、環境付加価値という考え方が重要なのかという点について、海外及び国内の現状も踏まえて説明する（第１章)。次に環境付加価値の理論について、費用性・市場性・収益性とい

う「価格の三面性」からの検討を行う（第２章)。ここで、日本国内で環境付加価値が生じていると思われる数少ない事例のいくつかを紹介し、同様の事例を広く普及させるにあたって課題となる事項についても検討する（第３章)。

第４章（環境付加価値関連規制の動向とリスク分析)、第５章（建物環境評価制度と環境付加価値評価の関連付け)、第６章（自然再生と環境付加価値）については、環境付加価値理論のいわば「肉付け」となる部分であり、それぞれについて今までの評価アプローチには無かった考え方を紹介している。

そして、最終章となる第７章においては、それまでの理論や考え方の集大成として、実在する環境配慮型不動産の付加価値に関する評価を試みた。

【本書の構成図】

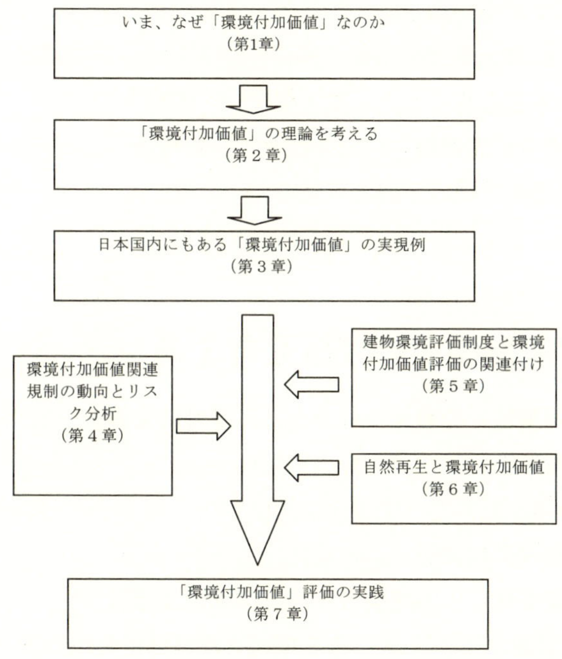

目 次

第1章 いま、なぜ「環境付加価値」なのか……11

第2章 「環境付加価値」の理論を考える……25

目次

第1章

いま、なぜ「環境付加価値」なのか

第１節　（伊藤）

地球環境のあるべき方向と、不動産の現状

Ⅰ　地球環境問題と対応の方向性

昨今、地球環境問題の深刻化が叫ばれる中で、その解決に向けた方向性が提示されつつある。

例えば地球温暖化問題に関していえば、二酸化炭素（CO_2）を含めた温室効果ガスの人為的排出量は森林や海洋など、自然による吸収量の２倍を超えていると言われており（【図表1-1】参照）、これ

【図表1-1】二酸化炭素の排出量と吸収量（環境省「STOP THE温暖化2008」より引用）[1]

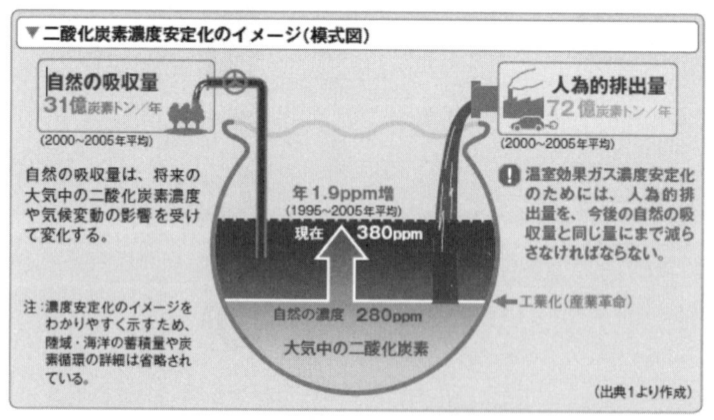

1　二酸化炭素その他の温室効果ガスの排出、吸収、貯蔵等の量に関しては、「炭素トン」と「二酸化炭素」トンの２とおりがあることに留意する必要がある。

二酸化炭素トン（t-CO_2）：二酸化炭素その他の温室効果ガスの排出、吸収、貯蔵等の量を、相当する温室効果を有する二酸化炭素の重量に換算した単位。

炭素トン（t-C、tC）：同じく、温室効果ガスの移動量等を、相当する二酸化炭素中の炭素重量に換算した単位。

t-CO_2とt-Cは、次の式で換算される。

1 t-C＝1 t-CO_2×(12/44)

以上大気中の温室効果ガスを増やさないためには少なくとも半減する必要性が指摘されている。

また地球温暖化とともに重大な環境問題とされている生物多様性の問題に関しては、名古屋で生物多様性条約（Convention on Biological Diversity、略称CBD）第10回締約国会議（COP10）が開催される2010年までに、生物多様性の損失速度を顕著に減少させるという共通目標が掲げられている。

2008年５月に開催されたCBD第９回締約国会議（COP９）では、生態系と生物多様性の経済学（The Economics of Ecosystems & Biodiversity、略称TEEB）が発表されている（【図表1-2】）。

【図表1-2】生態系と生物多様性の経済学（TEEB）表紙

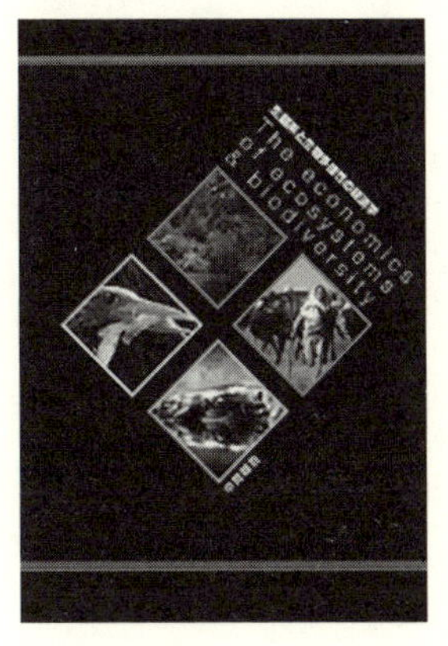

（住友信託銀行ホームページにて日本語版閲覧可能）

http：//www.sumitomotrust.co.jp/csr/innovation/biology/pdf/STB_TEEB_081202.pdf

TEEBでは、生態系の破壊や生物多様性の損失の進行がもたらすとされている莫大な経済的損失のみならず、貧困国における生活のための森林伐採が様々な災害を引き起こし、それがまた貧困の悪化を招くという悪循環の例についても示されている。また市場メカニズムに活用した生物多様性の保全に関する先進的な取組も紹介されており、2010年には最終報告が発表される予定である。

Ⅱ 地球環境問題に関する国内不動産の現状

これに対し、日本の不動産関連の現状はどうであろうか。1990年から2005年の間にオフィスビルを含む業務部門のCO_2排出量は約45％、住宅部門は約37％、それぞれ上昇している。

生物多様性の保全に関しては、年々の緑被率の減少傾向（【図表1-3】参照）から見てもその損失速度が減少していないことは明らかである。さらに生物多様性に関しては、そもそも重大な地球環境問題であるとの認識が低く、また生物多様性の保全に資するような「緑の質」に関する共通理解にも乏しいものと思われる（この点に関しては第６章で述べる）。

【図表1-3】 緑被率の減少傾向

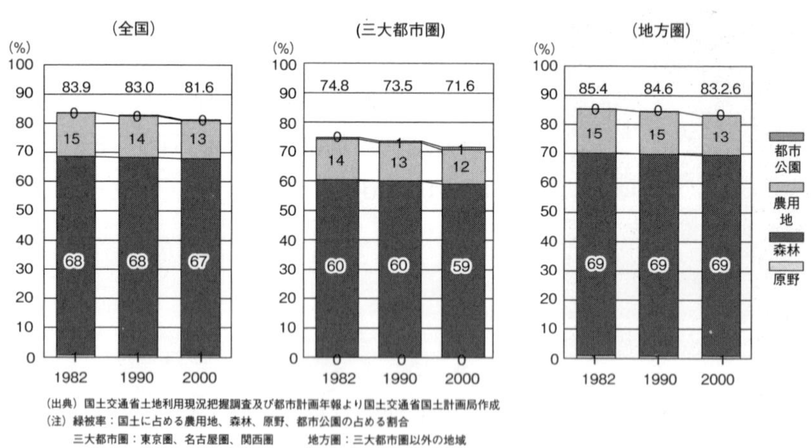

（出典）国土交通省土地利用現況把握調査及び都市計画年報より国土交通省国土計画局作成
（注）緑被率：国土に占める農用地、森林、原野、都市公園の占める割合
三大都市圏：東京圏、名古屋圏、関西圏　　地方圏：三大都市圏以外の地域

以上のように、地球環境問題への対応に関して、「あるべき姿」と「不動産の現状」とのギャップが余りにも大きいと言わざるを得ない状況にあるものといえる。言い換えれば、このような乖離をいずれかの時期に、規制あるいは課税強化といった形で埋めなくてはならないという意味で、不動産は大きな「環境リスク」を抱えていることとなる。冒頭に述べたような地球環境の「あるべき方向」

は、現在それが規制化されていないものであっても、いずれかの時点において対応せざるを得なくなると考えられるからである。なお、この「環境リスク」は不動産の環境付加価値を考える上で重要なファクターであり、第４章に詳しく述べることとする。

第２節　「環境配慮」は不採算か？

（伊藤）

環境配慮技術に関して日本は高い水準にあり、不動産に関しても【図表1-4】のように、環境配慮に関する多くの技術が実用化されている。

【図表1-4】不動産環境配慮に関する対応項目の例

対応方向	対応項目例
省エネルギー設計	断熱性向上：外断熱工法、Low-εガラス、ダブルスキン、ルーバー等 設備性能効率化：VAV（変風量）制御、高効率変圧器、BEMS（ビル・エネルギーマネジメント・システム）、照明制御等 利用平準化：躯体蓄熱、水蓄熱、氷蓄熱、NAS電池等 換気：自然換気、ナイトパージ等 節水関連：雨水利用、雑排水再利用、節水便器等
再生可能エネルギー利用	パッシブクーリング・ヒーティング（外気、太陽熱、地熱等利用）、太陽光発電、風力発電、バイオマス燃料等
建築・設備における有害物質回避	消化剤、断熱材、冷媒等
生物環境の保全・創出	高密度緑地導入、林床確保、地域植生採用、ビオトープ等
長寿命化・建築資材循環・低環境負荷材導入 その他	100年耐久建物、超長期住宅、 再生財・再生可能資材使用、高炉セメント使用、電炉鋼使用、 持続可能森林利用、リサイクル解体等

しかしこれらの対応項目は、開発や建築に関する最低限の遵法性を満たす仕様に比べれば割高感があり、当面の収益圧迫要因になることから避けられる傾向にある。同じ環境問題でも、土壌汚染やア

スベストのように法令等で対応を義務付けられているものに関しては導入するとしても、それ以外のところまで導入するとなれば投入コストが投資採算価格を上回ってしまう－すなわち、「オーバースペック」になってしまうというのが、その理由であると考えられる。

それでは、法令等の規制を超えた環境配慮投資は、本当に投資採算価格を超えてしまうのだろうか。

たとえ現行の法令等規制をクリアしたものであっても、環境配慮対応を行わない不動産は、将来的な規制対応あるいは課税強化の可能性といった「環境リスク」を有するものと考えられる。一方で環境に配慮した不動産はこのような「環境リスク」を低減し、さらに水道光熱費削減や生産性向上、償却負担削減、イメージ向上等、経済価値の向上に結びつく個別的要因を数多く具有するものと考えられる。そこで、このような収益向上・リスク低減といった要因を細かく分析し、環境配慮不動産がその投資に見合った投資採算価格を実現しうるか否かのアプローチを行ってみる価値はあると思われる。このアプローチに関しては、第２章に詳しく述べることとする。

第３節　（伊藤）

世界はどう動いているか？

不動産の環境配慮と不動産価値の関係に関しては、世界でも新しい潮流というべき動きが見られる。本節ではそのいくつかを紹介することとしたい。

Ⅰ　バンクーバー・ヴァリュエーション・サミット

まず、鑑定評価に関わる者にとっては見逃せない動きとして、バンクーバー・ヴァリュエーション・サミットを紹介したい。

これは、2007年3月1日と2日、カナダのバンクーバーにて開催された。主に北米の不動産鑑定士が集まり、サステナビリティ（環境への配慮、持続可能性）に対する価値をできるだけ不動産鑑定士の立場で統一しようという試みであり、2010年までに統一的な評価基準を作成することをVancouver Valuation Accordとして合意している。

サステナビリティに対する価値がマーケットにおいて自然形成されるのを待っているのでは遅すぎるとの認識のもと、教育や伝達のプラットフォームも構築しながら評価基準を打ち立てて行こうというバンクーバーの動きは、世界的に見ても、恐らく初めてのことと思われる。

ここで、同サミットに参加したPaul McNamara博士（国連環境計画金融イニシアティブ不動産ワーキンググループの共同議長）のプレゼンテーションに以下のような言葉がある。

・評価に関する最も一般的な理解は「現在の貨幣価値を立証すること」である。
・その意味では、'value'（価値）／貨幣価値と'worth'（真の価値）は区別される（マーケットは非効率で、'投売り' や 'ふっかけ' が起こる）。
・投資家がサステナビリティを含めた'worth'を正しく認識すれば、彼らのプライシング姿勢は進化し、評価は自然にサステナビリティを含めたものになってくるだろう。だからといって、評価者がその時を待って、何もしなくて良いということでは無い！全くその逆である！

Ⅱ　米国グリーンビル評価ツール「LEED」にみられる経済効果

次に、LEEDという建物環境性能評価制度について、その概要と、マーケットへの浸透状況を紹介する。

LEED (Leadership in Energy & Environmental Design) とは、1993年発足の米国グリーンビルディング協会（US Green Building Council）が開発し運用するグリーンビルディングの認証制度である。

ロケーション、エネルギー効率、再生エネルギー利用、水利用効率、再生材利用率、室内環境品質改善等、約60の評価項目があり、その評点によってPlatinum、Gold、Silver、Certifiedといった認証を受けられる。

LEEDの認証を受けたグリーンビルに関しては、経済効果としてエネルギー削減、生産性向上、稼働率向上、訴訟リスクの低減などを実証したレポートが多く出されている。またLEEDによるレーティングの高いビルが、市場価値にも反映されているという例が多く聞かれるようになっている。たとえば、McGraw-hill 2006 SmartMarket Reportにおいては、コストダウン比率が平均－８％～－９％、ビルディングの価値上昇率が平均7.5％、ROI改善率が平均6.6％、テナント稼働の改善率が平均3.5％、賃料上昇率が平均３％、それぞれ予測されているとの集計結果が紹介されている。

最近では、GIS（地理情報）技術を用いて0.25マイル（約400m）の範囲内でレーティングのあるビルとそうでないビルを比較し、グリーンビルが近隣の一般的ビルよりも約２％賃料が高いことを体系的に証明したレポートも出されている。[1]

1 "Doing Well by Doing Good? Green Office Buildings" John M. Quigleyほか

Ⅲ 米国Appraisal Institute（鑑定協会）の動向

2008年６月、米国テキサス州オースティンにて、米国の不動産鑑定協会Appraisal Institute主催による、初めてのグリーンビル鑑定評価セミナー "An Introduction to Valuing Green Buildings" が開催された。

このセミナーではグリーンビルの定義に始まり、LEED認証ビルなどに関するマーケットの認知状況や経済的メリット、リスクなどを解説し、さらには原価法、収益還元法、取引事例比較法といった手法の適用や試算価格の調整に関する留意事項が解説されている。

セミナーの内容については、同協会の方針として正式に承認されたものではないという但し書きはあるものの、同様のセミナーがそれ以降、毎月数回ペースで全米各地で開催されており、米国内で環境配慮ビル評価に関する認識が急速に広まるものと予測される。

Ⅳ　国連環境計画金融イニシアティブの動向

次に紹介したいのは、国連環境計画金融イニシアティブ（United Nations Environment Programme Finance Initiative、略称UNEP FI）において打ち出された「責任ある不動産投資」という考え方である。

UNEP FIは「責任投資原則」（Principles for Responsible Investment、略称PRI）という投資行動規範を提唱している。これは投資決定の際に、「環境・社会・企業統治」（Environmental, Social, Corporate Governance、略称ESG）へ配慮することを求めているもので、日本を含め世界各国で多くの年金基金や運用機関が署名している。

そしてこのPRIの不動産版として、「責任ある不動産投資」（Responsible Property Investment、略称RPI）の原則が発展的に生み出された。これは不動産ポートフォリオの構築にあたり、環境や社会の側面を考慮しながら経済的なリターン獲得の実現も目指す投資手法である。2006年12月にはUNEP FIにおいて不動産ワーキンググループ（Property Working Group、略称PWG）が正式発足しており、ここでRPI普及のための提言や先進事例の紹介、投資家向けのツールキット作成といった活動が展開されている。その一環として、2008年８月にはRPIに関する先進的な取組事例を示したレポート「What the Leaders are doing」が公表されている【図表1-5】。

【図表1-5】What the Leaders are doing 表紙

日本における、収益性の観点からみた環境付加価値理論の研究（第２章第３節参照）や、全戸太陽光発電付賃貸マンションの事例（第３章第１節参照）も紹介されている。

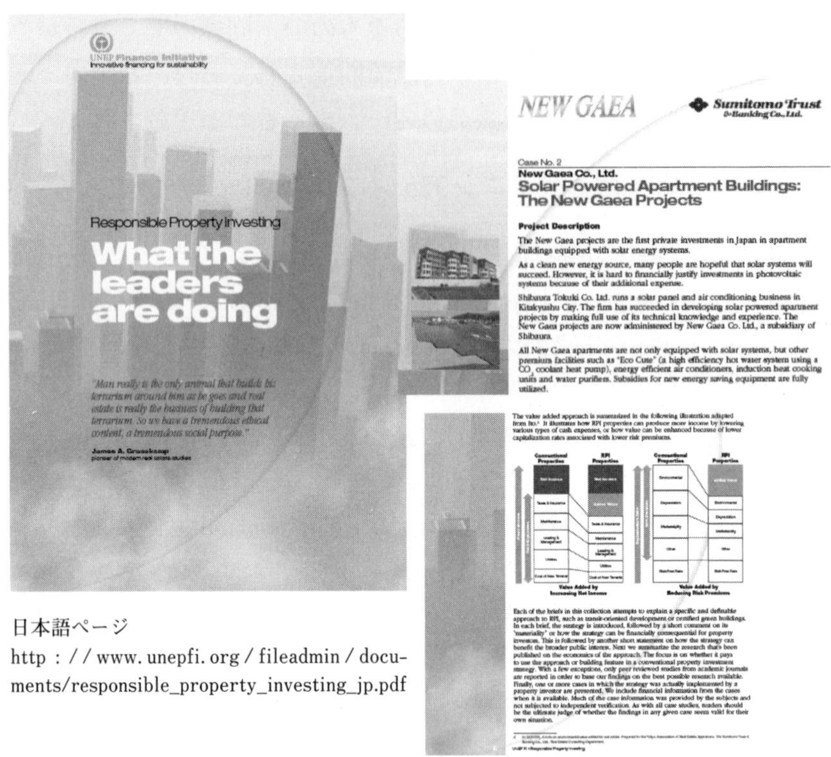

Case No. 2

New Gaea Co., Ltd.

Solar Powered Apartment Buildings: The New Gaea Projects

Project Description

The New Gaea projects are the first private investments in Japan in apartment buildings equipped with solar energy systems.

As a clean new energy source, many people are hopeful that solar systems will succeed. However, it is hard to financially justify investments in photovoltaic systems because of their additional expense.

Shibaura Tokuki Co. Ltd. runs a solar panel and air conditioning business in Kitakyushu City. The firm has succeeded in developing solar powered apartment projects by making full use of its technical knowledge and experience. The New Gaea projects are now administered by New Gaea Co. Ltd., a subsidiary of Shibaura.

All New Gaea apartments are not only equipped with solar systems, but other premium facilities such as "Eco Cute" (a high efficiency hot water system using a CO_2 coolant heat pump), energy efficient air conditioners, induction heat cooking units and water purifiers. Subsidies for new energy saving equipment are fully utilized.

The value added approach is summarized in the following illustration adapted from Ito.[3] It illustrates how RPI properties can produce more income by lowering various types of cash expenses, or how value can be enhanced because of lower capitalization rates associated with lower risk premiums.

Each of the briefs in this collection attempts to explain a specific and definable approach to RPI, such as transit-oriented development or certified green buildings. In each brief, the strategy is introduced, followed by a short comment on its "materiality" or how the strategy can be financially consequential for property investors. This is followed by another short statement on how the strategy can benefit the broader public interest. Next we summarize the research that's been published on the economics of the approach. The focus is on whether it pays to use the approach or building feature in a conventional property investment strategy. With a few exceptions, only peer reviewed studies from academic journals are reported in order to base our findings on the best possible research available. Finally, one or more cases in which the strategy was actually implemented by a property investor are presented. We include financial information from the cases when it is available. Much of the case information was provided by the subjects and not subjected to independent verification. As with all case studies, readers should be the ultimate judge of whether the findings in any given case seem valid for their own situation.

日本語ページ
http：//www.unepfi.org/fileadmin/documents/responsible_property_investing_jp.pdf

V オーストラリアGBCの動向

オーストラリア・グリーンビルディング協議会（Green Building Conuncil of Australia）は2008年２月、Valuing Greenというレポートを発刊している。[1]

1 http：//www.gbcaus.org/docs/NSC0009_ValuingGreen.pdf

ここでは、オーストラリア全土のおよそ30％、約850億ドルの不動産に関連を有する所有者、評価者、デベロッパー約50社にインタビューを実施し、投資家の多くがグリーンスター（同協会が運営する環境性能レーティングシステム）に付加的投資を行う意向があることを確認している。また８件のグリーンスタービルに関するケーススタディを実施し、コスト・プレミアムやコスト低減効果、還元利回りの低減効果を確認している。同レポートはこのような調査を通じ、不動産評価のプロはグリーンビルの付加価値をどのように組入れるか、専門的教育を行う必要があると提言している。

第４節　（伊藤）

日本でも始まった「環境配慮」への動き

日本国内でも、不動産の環境配慮に関する「追い風」ともいえる動きがある。

たとえば、「200年住宅ビジョン」にもとづく「超長期住宅先導的モデル事業」（平成20年度予算130億円）に関しては、先導的な材料、技術、システムを導入し、住宅の長寿命化に向けた普及啓発に寄与するモデル事業に対し、先導的な部分に関する工事費等の２／３以内を補助するという制度を設けている。また「住宅・建築物省CO_2推進モデル事業」（平成20年度予算50億円）においても、省CO_2の実現性に優れたリーディングプロジェクトとなる住宅・建築プロジェクトに関して、先導的取組に関する工事費等の１／２以内を補助する制度がスタートしている。

建物の環境配慮に関する性能を評価するシステムとしては、2001年より国土交通省の主導のもとで、㈶建築環境・省エネルギー機構内に設置された委員会（JSBC＝日本サステナブル・ビルディング・コンソーシアム）において開発が進められているCASBEE（建築物総合環境性能評価システム）がある。CASBEEの認証を受けたビルは現在30件程度ではあるが、CASBEE大阪、CASBEE横浜等、全国において13の自治体版CASBEEが導入されており、CASBEEで高いランクを取得することを容積率割増等の要件とする自治体もある。CASBEE自治体版の届出件数は2000件を超えている。CASBEEに関しては今後、環境配慮建物の評価に関して重要なツールとなる可能性があることから、第５章にて解説のこととする。

一方、規制面においては省エネルギー法が「事業所単位」から「事業者単位」へと、適用の幅を広げたほか、東京都では、温室効果ガス排出量規制や、規制を超える分の取引に関しても、制度化を行う動きがある。規制面に関してはそれに関わる環境リスクとともに、第４章において詳しく述べることとする。

第５節　「環境付加価値」創出を契機とした経済、産業及び地域振興の可能性

（伊藤）

不動産に関しては特に不況期において、市場リスクのプレミアムを過大に見積もり、その価格が大きく下落する傾向にある。このような時期にこそ、環境配慮によるリスクプレミアム低減を積極的に評価し、環境配慮不動産普及の契機にするという考え方もありうるのではないか。

また、省エネルギー、新エネルギー導入、資源再利用、長寿命化、自然再生など、環境配慮不動産は新しい産業振興をもたらす契機にもなりうる。

さらに、森林保全、間伐材活用、自然生態系農業（有機農業）といった環境配慮型の土地利用は、エネルギー自給や食料自給という根源的な問題に対する解決手段としての意味を持つと同時に、真に持続可能な地域振興のためにも重要な方策に位置付けられるものと考えられる。なお、このような「持続可能な地域振興」の一例とも

いえる事例について、第３章第３節で紹介する。

第2章

「環境付加価値」の理論を考える

第１節　（伊藤・高井）

「費用性」の観点からみた「環境付加価値」

不動産の価値は他の財産と同様、「費用性」（どれほどの費用が投じられたものか）、「市場性」（市場において、どれほどの値段で取引されているものか）、「収益性」（それを利用することによってどれほどの収益が得られるものか）の三面から把握されるものといわれている。

「環境付加価値」に関し、まず「費用性」の観点からみた場合、「環境配慮はコストがかかる」ということが、良く言われる。確かに、【図表1-4】で示したような環境配慮対応項目は、最低限の遵法性を担保する程度の通常の不動産（ここでは、通常仕様不動産という）対応に比べればコストアップ要因となる場合が多いことから敬遠される傾向にあり、これが環境配慮不動産普及のネックになっているものと考えられる。

あるデベロッパーによる環境配慮仕様の検討例を【図表2-1】に示した。

【図表2-1】環境配慮仕様の検討例

	Q-1 室内環境	Q-2 サービス性能	Q-3 室外環境（敷地内）	LR-1 エネルギー	LR-2 資源・マテリアル	LR-3 敷地外環境
A 環境を重視する建物の場合に採用	ダブルスキンの活用	天井高の確保（3500） 階高の確保（4500）	ビオトープの設置 壁面緑化	太陽光発電 自然採光（ライトシェルフ等） 風力発電 燃料電池		
B 費用対効果に応じて採用	庇の活用 ルーバーの活用 Low-eガラスの採用 日射遮蔽 昼光利用 自然採光	天井高の確保（3000） 階高の確保（4300） 免震装置の導入 制震装置の導入 自由度が高いプラン（上下階貫通等）	屋上緑化 既存樹木の保存・移植 周囲の景観への配慮 敷地内温熱環境の向上	Low-eガラスの採用 VWVによる空調 ルーバーの活用 ナイトパージ 氷蓄熱槽の設置 コージェネレーションの採用 高効率変圧器 NAS電池	雨水利用 高炉セメントの採用 再生材の採用 電炉鋼の採用 雑排水再利用	生ゴミのコンポスト化 雨水の敷地内浸透 屋上緑化 雨水貯留 雨水利用
C 標準採用項目	自然換気 複層ガラスの採用	天井高の確保（2800） 階高の確保（4000） 更新性の確保 バリアフリー リフレッシュスペースの確保 自由度が高いプラン		自然換気 外気冷房 複層ガラスの採用 BEMSの導入 VAVによる空調 照明制御 駐車場CO制御	節水便器の採用	屋上からの排熱 低騒音機器の採用

横方向の分類（Q-１、LR-１等）は第５章に述べるCASBEE（建築物総合環境性能評価制度）にもとづくもので、縦方向は環境配慮仕様の採用順序を示している。

Cの項目（標準採用項目）に関しては、通常仕様より割高感があるものの、グレードの高いビル開発をめざす当該デベロッパーにとっては標準仕様に近いものとなっている。しかしBの項目になると、「費用対効果」の検討が必要となり、さらにAの項目になると、もはや「費用対効果」の検討だけでは採用が困難で、建築主あるいは購入者が環境重視の姿勢を示すためといった動機付けが必要となってくる。

このように、「環境付加価値」に関しては、コストの増加分をそのままマーケットが受け入れるというものではなく、また「費用対効果」の分析も必要となる。すなわち、価格の三面性のうちの「市場性」及び「収益性」の検討を行う必要性が生じるのである。

第２節 「市場性」アプローチの可能性

（小林）

それでは不動産の「環境付加価値」に関し、「市場性」アプローチは可能であろうか。これを試みるにあたっては、次の二点を考慮しなければならないものと考えられる。

第一に、「環境付加価値」が市場化されることには限界がある。不動産市場への参加者が「環境付加価値」を意識しない段階においては、「環境付加価値」は市場性の問題ではなく、外部不経済の問題として捉えられるべきである。

第二に、オール電化ソーラーシステム付住宅等、環境性能の高い不動産の販売は近年始まったばかりで、流通の各段階において、どのような市場の評価があるのかが十分に検証できない。

しかし、第１章に述べたような地球環境問題と現状のギャップを見る限り、不動産市場においても「環境付加価値」について、現段階から考慮する必要性は高いものと考えられる。

そのためには、まず、「環境付加価値」の市場性の特徴を把握することが必要である。

Ⅰ　外部不経済と「環境付加価値」

「環境付加価値」の市場性の特徴を、まず、外部不経済の観点から説明する。

経済の外部性とは、ある経済主体の行動が、他の経済主体に影響を及ぼすことをいうが、外部不経済はその影響がマイナスに働くことであり、公害やCO_2の排出が代表例である。

また、経済の外部性は、金銭的（市場的）外部性と技術的外部性に分類される。金銭的外部性とは、ある経済主体の行動が市場を通じて波及する効果のことであり、技術的外部性とは、ある経済主体の行動が市場を通じないで他の経済主体に影響を与えることである。

このうち、公害やCO_2の排出等の技術的外部性は市場を経由しないで他の経済主体に影響を及ぼすので、市場を歪める要因となる。いいかえると、金銭的（市場的）外部性を担う不動産市場では問題が解決しないのである。

「環境付加価値」の意識付けが乏しい段階においては、外部不経済と不動産の市場性に関し、次のような場合が想定される。

経済的に低費用、高収益を実現したが、同時に、多くのCO_2や有害物質の散逸がある不動産開発・建物建築・建物維持管理・不動産販売が行われる場合は、外部不経済を意識しない経済環境下であれば、そのコストパフォーマンスゆえ当該不動産は高い価格で取引される。それは、外部不経済をもたらす要因が当該不動産の価格にマイナスに作用することが無いからである。不動産市場においてもこれらのケースは多く見られ、かつては、革新的な技術や素材とみなされていたものもそうであった。

軽量かつ安価で夢の耐火材といわれ、吹付材、屋根材、壁材、天井材として世界中にその使用が広がったアスベスト、熱に対して安定的で、電気絶縁性が高く、耐薬品性にも優れ、加熱や冷却用熱媒体、変圧器やコンデンサといった電気機器の絶縁油、可塑剤、塗料、ノンカーボン紙の溶剤など、非常に幅広い分野に用いられたポリ塩化ビフェエル（PCB）は、前者が、非常に長期の潜伏期間を経由した後、中皮腫や肺がんの原因になり、後者が、発がん性があり、皮膚障害、内臓障害、ホルモン異常を引き起こしてきたのにも関わらず大量に生産され、大量に消費され続けてきた。今なお、それらの素材の除去等に費やされている時間と費用は測り知れない。

CO_2の排出と同様に、地球温暖化の原因とされるフロンガスについては、優れた冷媒及び断熱材として使用されてきた。成層圏にたどりつくと紫外線との反応により、塩素原子を出し、その塩素原子が、オゾン層を破壊するという指摘に係わらず、南極で実際のオゾン層の破壊が見つかるまで規制のきっかけさえ得られなかった。今日では、生産が全廃のうえ、2001年の「特定製品に係るフロン類の回収および破壊の実施の確保等に関する法律」（フロン回収破壊法）の規制がなされている。しかし、いまだに、正規な手続きを経ない不法投棄は後を絶たない。

接着剤、塗料、防腐剤などの成分で、安価なため建材に広く用いられているホルムアルデヒドも、直接、間接的にめまい、吐き気、アトピー性皮膚炎、内臓疾患、失明等（シックハウス症候群）の原因となった。トルエン、キシレン等の揮発性有機化合物も建材、塗料、接着剤等に幅広く利用され、シックハウス症候群の原因となってきた。

これらの素材、製品はその機能性、経済性、耐久性等が優れ、他の製品を駆逐する形で、広く普及し、多くの建築物に使用されてきた。これらは、非常に優れた特性を有し、経済的にも貢献した反面、外部不経済性は貨幣価値で表せないほど、長期かつ深刻な被害をもたらしてきた。

そして、健康被害等の症例があったのにも係わらず、これらの素材、製品は使用され、業界団体の自主検査や規制もあったものの、本格的な使用禁止、回収、測定基準の厳格化等の対応は、世論の高まりを背景とした政府等による法的、行政的な規制により初めて本格化した。

したがって、不動産の「環境付加価値」の市場性に関しても、「外部不経済」の問題は重要な問題である。市場が単純にその時点での市場参加者の意思を反映するものであるかぎり、外部不経済という本来、貨幣価値に表すことが難しいものを、何らかの要因格差率の設定により、市場性のアプローチを行うことは困難である。なお、上記の外部不経済は後に述べるように、長年における法規制等の強化、是正対策の広がりによって、市場における貨幣価値に転換したものもある。そして、その時点で、外部不経済は、金銭的（市場的）外部性に移行したと考えることができる。

Ⅱ「環境付加価値」の市場性

1．市場性アプローチの限界

前記Ⅰの外部不経済の観点を前提に、「環境付加価値」の市場性を考えると、市場性のアプローチの限界が明らかになってしまう。元来、市場で調整できない技術的な外部不経済の問題を市場性の観点からアプローチすることは自己矛盾である。

しかし、そこで市場価値の把握を放棄してしまうと、不動産市場のあるべき方向性を評価の主体が全く示せないということになってしまう。そこで、次に、「環境付加価値」の市場化への試みについての具体例を考えてみたい。

2. 環境付加価値の市場化への試み

⑴本格化する「キャップ・アンド・トレード」方式の排出量取引

地球温暖化を阻止することを初めとする地球環境の保全は21世紀の重要なテーマであり、これまで消極的であった米国も、バラク・オバマ米大統領により、大きく舵を切ることになるものと思われる。今後新大統領は、①気候変動に関する協議への積極的参加、②金融危機下にあっても2020年までに温室効果ガスの排出量を大幅に削減する、③主要企業にCO_2排出量の上限(排出枠)を設定する「キャップ・アンド・トレード」方式の排出量取引を開始する、④2020年までに米国の温暖化ガス排出量を1990年代のレベルに引き下げ、2050年までにさらに80%の排出削減を実施するなどの方針・施策を考えており(2008年11月18日のロイター通信配信にもとづく)、気候変動に関する米国指導者の歴史に新たな一章を刻む意気込みである。

米国が大きく政策転換の舵を切ると思われるため、地球環境の保全は、米国、日本、ヨーロッパのみならず、中国、インド、ロシア、ブラジル等の新興国、さらには、発展途上国をも巻き込んだ大きな潮流となってくるものと思われる。

オバマ米大統領が掲げる「キャップ・アンド・トレード」方式は、EU(欧州連合)域内での排出権取引であるEU-ETS(EU域内排出権取引制度)が代表格であり、環境省が2005年度に開始した自主参加型国内排出量取引制度もその方式によっている。「キャップ・アンド・トレード」方式の資本的な仕組みは、政府が温室効果ガスの総排出量(総排出枠)を定め、それを個々の主体に排出枠として配分し、個々の主体間の排出枠の一部の移転(または獲得)を認める方式であり、主体間の排出枠の一部の移転(または獲得)の際に、排出権市場を創設し、活用することが考えられる。排出権取引の前提としては、排出枠の配分という作業が必要であり、その際には、なんらかの意味で政府の関与は欠かせないが、外部不経済を、排出権取引市場という市場化によって解決を図るという点は、外部不経済の「市場化」への試みといえる。

⑵土壌汚染、建物有害物質における外部不経済の市場化

不動産開発・建物建築・建物維持管理・不動産販売といった経済行為が、二酸化炭素の排出行為、重金属、有機化合物等の有害物質の散逸（例えば、接着剤に含まれるホルムアルデヒド）を通じて、温暖化等の地球環境や生物及び人間の健康や生殖に有害な影響を与えている現実を考えると、これらの外部不経済は不動産市場において内部化されていかなければならない。

ここでは、温室効果ガス排出削減以外の①土壌汚染、②建物有害物質に関し、不動産が抱えた外部不経済が、どのようにして市場化されたかを考察する。

①土壌汚染

2002年に成立し、2003年５月に施行された土壌汚染対策法により、使用が廃止された有害物質使用特定施設に係る工場又は事業場の敷地であった土地の所有者、管理者又は占有者（以下「所有者等」という。）であって、当該有害物質使用特定施設を設置していたもの等は、環境省令で定めるところにより、当該土地の土壌の特定有害物質による汚染の状況について、環境大臣が指定する者に環境省令で定める方法により調査させて、その結果を都道府県知事に報告しなければならないとされた。

この土壌汚染対策法の制定により、不動産売買、不動産鑑定評価を行うに際して、特定の重金属、有機化合物、農薬に関して、エンジニアリング調査を実施し、土壌汚染、地下水汚染が疑われる不動産の履歴調査、実際の土壌のサンプリング調査（土壌採取、土壌ガス調査）、掘削除去、封じ込め等の土壌対策が行われるようになった。

不動産鑑定評価においては、2002年の不動産鑑定評価基準の改正、2007年の不動産鑑定評価基準各論第三章（証券化対象不動産の

鑑定評価）の創設、2002年２月の土壌汚染に関わる不動産鑑定評価上の運用指針Ⅰ、2004年10月の土壌汚染に関わる不動産鑑定評価上の運用指針Ⅱ、2007年の証券化対象不動産の価格に関する鑑定評価の実務指針等において、土壌汚染地の鑑定評価に関する対応が標準化されてきた。

この一連の動きは、土壌汚染の社会問題が契機となり、法改正が実際の不動産市場を動かし、社会的、経済的に土壌汚染浄化が市場コストであることを認知していく過程であると考えられる。不動産市場が売手市場であるのか買手市場であるのかによって、土壌汚染の対策コストの担い手は変わってくるものの（売手市場の場合は買主が土壌汚染対策費用を負担し、買手市場の場合は売主が負担する傾向が高くなるものと思われる。）、社会的、経済的に、土壌汚染対策コストを不動産市場により負担するというメカニズムが形成された。いわば、当初、外部不経済であった土壌汚染の相当部分が、金銭的（市場的）外部性に移行したと考えることができる。

②建物有害物質

また、建物有害物質（アスベスト、PCB、フロンガス、ホルムアルデヒド等）についてはどうであったのか。

建物有害物質は、土壌汚染が周辺地への「貰い汚染」や地下水汚染の問題を惹起するのと比較すると、阪神大震災後の建物解体・撤去作業の際における、アスベスト等の有害物質の散逸が「公害」として注目された等の例外を除き、個々の不動産の問題に留まるケースも少なくない。また、その対策費用（有害物質の除去、運搬、保管、封じ込め）の試算可能性も高く、外部不経済の面もあったものの、少なくとも、従来においても、不動産市場による価格調整機能が働く余地があったはずである。

しかし、1930年代に人体に対する影響が指摘されたアスベストがその後の工業化、産業革命の中で、暫くは、増産され、推奨されてきた現実を考えると、アスベストによる吹付やアスベスト含有建材による外部不経済が意識され始めたのは極めて最近といわざるを得ない。今日におけるアスベストに対する規制強化、過去の健康被害への対策は、2005年における㈱クボタによる旧神崎工場（尼崎市）等の従業員及び周辺住民に対する健康被害の発表及び対策をきっかけとして加速度的に進んだものと考えられる。それまでは、不動産販売や仲介の現場においても、不動産鑑定においても、その可能性の検討、詳細調査の実施、除去対策工事等の対策が行われた頻度は少なかった。

現在では、証券化対象不動産の売買、鑑定評価において、アスベスト、PCB、フロンガスに関し、エンジニアリング・レポートによる一次・二次調査、除去対策工事等の対策が行われている。従って、これらの対策費用が市場コストとして認識され、顕在化してきたものと考えられる。ただし、証券化対象不動産以外の不動産の売買にあたっては、簡易な売主への聴取のみにより取引が行われる等、必ずしも、これらのコストの市場化が進んでいるとはいえない面もある。

ホルムアルデヒドに関しては、大気汚染防止法による規制、厚生省のホルムアルデヒドの室内濃度指針値設定、㈳日本塗料工業会におけるホルムアルデヒド自主管理等が行われている。実際の新築マンションの売行きに影響があるため、デベロッパーが新築マンション販売時において、低・ノンホルマリン接着剤の使用等の対策を行うことが当たり前になり、その点においては、市場化が進行しているといえる。ただし、ホルムアルデヒドの発がん性、催奇性等の有害性は、その他のシックハウス症候群の原因となる物質、生物（ダニ等）、ハウスダスト（ゴミ）等とも相俟っており、アトピー性皮膚炎等のシックハウス症候群原因が複雑かつ複合的で、個別性も強いため、これらの素材、製品規制の十分性は困難な検証課題である。

(3)「環境付加価値」の市場化

上記のとおり、土壌汚染、建物有害物質においては、外部不経済の市場化が進んだ。いずれも、外部不経済が存する期間は非常に長期であり、市場化されたのも最近のことであり、かつ、そのためには、まず、政府による強力な法規制等が必要であった。

温室効果ガスに関する外部不経済の「市場化」への試みは、政府、自治体が、どの業種について、どのような規模の事業者に対し、どの程度の削減目標を掲げ、排出枠の割り当てを行うかという政策面の課題がある。そして、費用の捻出が困難であると想定される中小企業の排出削減対策の推進において、排出削減設備導入に対する資金面の公的支援が行われ、温室効果ガスの削減の試みが、事業規模を問わず、全国的になることが好ましい。さらに、その取組は、新たな産業の台頭や技術革新を生み、現在の世界的な金融危機によって縮小する経済を立て直すきっかけにもなり得る。

ゆえに、不動産市場という民間の市場においても、「環境付加価値」の市場性を高めるきっかけを作らなければならない。例えば、住宅において、太陽光発電、高効率温水システム等を備えた住宅に対する市場の認知を高め、それらが備わった住宅が、それ以外の住宅に比べて高く取引され、高く賃貸借される市場にならないといけない。その結果、環境付加価値投資を行った事業者に対し、市場が報いていくようなシステムを形成していくことが必要である。

それでは、民間の市場において何が「環境付加価値」の市場性を高めるきっかけとなるであろうか。それは、価格の三面性のもう一つの側面である、「収益性」の観点からのアプローチから見出されるものと考えられる。

第３節　（伊藤）

「収益性」の観点からみた「環境付加価値」

Ⅰ　収益性アプローチによる環境付加価値の見出し方

不動産の価値を収益性の観点からみる場合、「不動産が生み出す純収益」（不動産が生み出す家賃収入等の総収益から、維持管理費・公租公課・保険料等の費用を差し引いたもの）と「不動産の利回り」（不動産の投資額に対する純収益の割合）が、その価値を決める二大要素となる。

そこで、不動産に関する環境配慮の対応項目を体系的に整理し、これらを収益用不動産の二大要素である「純収益」と「利回り」の算定に結びつければ、その環境配慮に応じた不動産の付加価値－すなわち「環境付加価値」を導き出せるものと考えた（【図表2-2】参照）。

【図表2-2】不動産の価値概念図

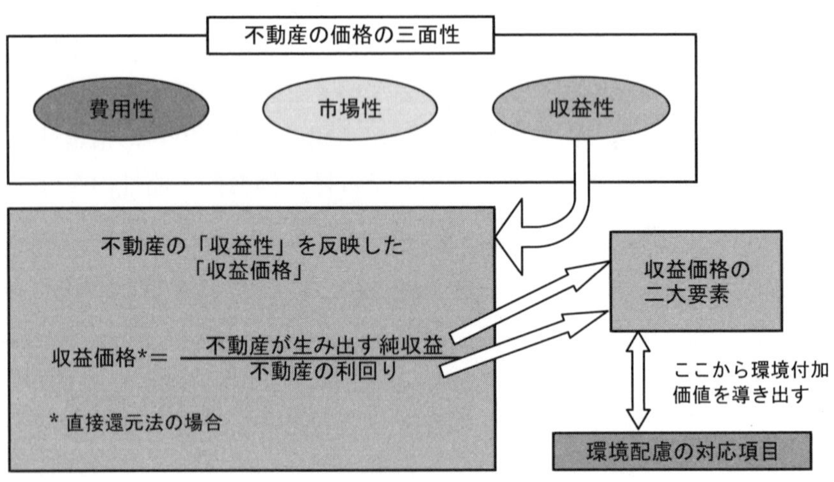

この算式から明らかなとおり、不動産の利回りを一定とみれば、不動産の収益価格はその生み出す純収益に比例する。また純収益を一定とみた場合は、利回りが低い（一般に、収益下振れのリスクが低く安定性が高い状態）ほど収益価格は高く試算される。

そこで「環境付加価値」に関しても、【図表2-3】のとおり「純収益の増加」「不動産利回りに関するリスクプレミアム（→リスクが多い分、上乗せされる利幅）の軽減」の両面に現れるものと考えられる。

【図表2-3】環境付加価値に関する概念図

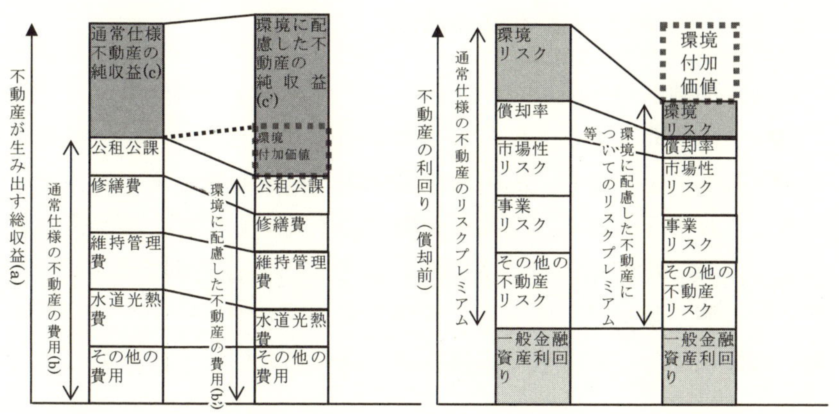

㈳東京都不動産鑑定士協会10周年記念論文『不動産に関する「環境付加価値」の検討』（2005伊藤雅人）より一部改訂）

Ⅱ　経費節減効果による付加価値

たとえば、通常仕様の不動産について、不動産が生み出す総収益（図表2-3の（a））に占める不動産の費用（図表2-3の(b)）の割合を35％、うち水道光熱費（専用・共用部分の合計）の割合を10％とする。ここで30％の省エネを実現した新築ビルを想定した場合、純収益の引き上げ効果は、

{1－(35％－10％×30％)} ÷ (1－35％) －1＝4.6％
(省エネルギー実現後の収益率※1)　(通常の収益率※2)

となり、５％近くの付加価値が生じる計算となる。

※１図表2-3における（a－b'）／a＝c'／aに相当

※２図表2-3における（a－b）／a＝c／aに相当

これは、【図２】の算式において不動産の利回りを不変とした場合、不動産の価値そのものが５％近く増加することを意味している。

Ⅲ　イメージ向上による付加価値

この付加価値の検討については、イメージ向上効果によるアピールの度合（新聞で取り上げられる紙面面積やホームページへのアクセス件数等）を想定し、広告費削減効果や増収効果を予測する方法が考えられる。たとえば、環境配慮型の不動産を保有する企業の総収益に占める総費用の割合を75％、うち広告宣伝費の割合を３％、環境配慮型不動産保有による広告宣伝費削減効果を－50％、同じく増収効果を１％とすると、当該企業の純収益の引き上げ効果は、

{1×(1＋1％)－(75％－3％×50％)} ÷ (1－75％) －1＝10％
(対象不動産を保有する企業の収益率)　(通常の企業の収益率)

となり、この純収益引き上げ効果とその持続性・安定性を考慮することで対象不動産の付加価値を想定することが考えられる。

また販売用や賃貸用の不動産に関しては、環境配慮イメージが「ランドマーク効果」につながり、「市場性リスク」（貸しにくい、売れにくいといったリスク）の軽減、賃貸や売却にあたっての広告費・インセンティブ報酬削減等の効果を見込む方法が考えられる。

Ⅳ　将来の費用増加リスク（環境税導入、規制強化等）回避に関する付加価値

環境配慮仕様により、将来の課税や規制強化、陳腐化等の影響を大きく受けない不動産に関して生じていると考えられる付加価値は、不動産の還元利回りにおける「リスクプレミアム軽減分」として表現することが可能と思われる。例えば通常仕様での純収益をa、将来的に賦課が想定されるコストをc、その想定確率をσとして、

$$\frac{a}{a-\sigma c}-1$$

という形でリスクプレミアムを想定し、これを対象不動産の利回りから控除することが考えられる。

仮に、環境税の賦課、排出権の購入等により、通常仕様の不動産では環境配慮不動産に比して純収益の５％減少が想定され、その確率が50％とした場合、

$$\frac{a}{a-0.5\times 0.05a}-1\fallingdotseq 0.026$$

これにより、通常仕様の不動産には約2.6％のリスクプレミアムが内包されていると考える。ここで不動産の純収益をaとし、通常仕様の不動産の利回りを5.00％とした場合、

$$通常仕様の不動産の収益価格（V）=\frac{a}{5.00\%}$$

$$環境配慮型仕様の不動産の収益価格（V'）=\frac{a}{5.00\%／1+2.6\%}$$

$$\therefore V'／V=1.026$$

よって、環境リスクの回避により、不動産の価値そのものが約2.6％程度増加することとなる。

V 収益性の観点から見た市場価値増加の可能性

以上、収益性の観点から、環境配慮不動産について投資採算価値としての付加価値が生じる可能性について検討を行った。このような分析が現実の不動産について実証的に行われ、不動産マーケットの理解を得るようになれば、市場価値の増加にもつながることが予想される。

第4節 貸家及びその敷地の取引事例比較法による環境付加価値の検討

（小林）

前節において、収益性の観点から市場価値の増加を示す合理的根拠を見出せないものかに関して論じた。ここで再び市場性のアプローチに立ち返り、投資対象資産となりうる「貸家及びその敷地」の取引事例比較法に関して検討のこととする。

I 建物及びその敷地の取引事例比較法

取引事例比較法は、多数の取引事例を収集して適切な事例の選択を行い、これらに係る取引価格の必要に応じて事情補正及び時点修正を行い、かつ地域要因及び個別的要因の比較を行って求められた価格を比較考量し、これによって対象不動産の試算価格を求める手法である。

従来の不動産鑑定業務において、取引事例比較法は土地についての適用が多く、建物及びその敷地のについては、区分所有建物及びその敷地（マンション）の場合を除き、殆ど行われてこなかった実情にある。

しかし実際の市場においては、土地建物一体の取引が中心であること、また昨今の不動産証券化市場の発展により不動産取引の情報公開が進んできたこともあり、今後は建物及びその敷地の取引事例比較法を適用していく余地があるものと考えられる。

Ⅱ 貸家及びその敷地の取引事例比較法における環境付加価値の反映について

この手法を共同住宅の貸家及びその敷地に当てはめたものが具体的な賃貸中の共同住宅の取引事例比較法を行った別表2-1～別表2-3であり、そのうち環境付加価値に関しては、別表2-3「専有部分」（４）-１省エネルギー性能～（４）-３省エネルギー性能までである。そこでは、太陽光発電システム対応（オール電化ソーラーシステム）、エコキュート等の導入、次世代省エネルギー基準適合（その他）について要因格差を考慮している。

これらの別表の作成にあたっては、「土地価格比準表」[1]、財団法人不動産流通近代化センターが作成した中古マンションの価格査定システムを参考にした。土地価格比準表は土地の不動産鑑定評価の場合においてよく利用されている指標であり、不動産の地域要因及び敷地の個別的要因の格差率の参考になり、中古マンションの価格査定システムは中古マンションの仲介査定に利用されているものであるが、専有部分の集合体である共同住宅一棟の場合においても参考になり得るものである。

なお、別表2-3における価格形成要因の項目に関しては、不動産鑑定評価の実務において一般化、標準化されたものではなく、建物及びその敷地の取引事例比較法が土地建物全体の価格形成要因に跨り、煩雑であることの解決を具体的に探るものである。また、記載された格差率は統計的なデータにもとづくものではなく、対象不動産の存する地域性、収益用不動産の市場性としての熟成度、対象不動産の規模、実際に投下され、認識された費用等により変わるものである。

1．　第六次改訂。国土庁土地局地価調査課監修。住宅新報社発行

今後、評価の主体が「環境付加価値」の市場性を判断するにあたって、このような価格形成要因の分析及び比較を積み重ねていくことが大切である。

なお、貸家及びその敷地に関する取引事例比較法の適用については、第７章においても検討を行った。

別表2－1

取引事例比較法の適用

項目	対象不動産 A不動産	事例-1 B不動産	事例-2 C不動産	事例-3 D不動産
所在地	東京都●●区●●	東京都●●区●●	東京都●●区●●	東京都●●区●●
最寄駅 分	中央本線X駅 7	井の頭線Z駅 11	中央本線Y駅 10	中央本線X駅 3
土地面積　m²	234.56	362	731	261
建物延面積	589	762	1,414	543
賃貸可能面積	435	681	1,107	521
街路	南東区道（セットバック0.15mあり）	北東都道 北西側道	西区道（セットバックあり）	北西区道
環境	一般住宅のほか共同住宅もある地域。	共同住宅が多い地域。	一般住宅のほか共同住宅も存する地域。	共同住宅のほか店舗もある地域。
用途地域等	第一種低層住居専用地域 ・近隣商業地域 （50,80、100,300）	準工業 （60,200）	1中専 （60,200）	近隣商業 （80,300）
その他	特になし	特になし	特になし	特になし
価格（取引）時点	平成20年9月12日	平成18年11月22日	平成19年11月7日	平成18年9月28日
売買価格		463,300,000	893,000,000	435,000,000
単価　円/m²		680,323	806,685	834,933
		×	×	×
事情補正		100 /100	100 /100	100 /100
		×	×	×
時点修正		89.4%	95.0%	88.5%
		×	×	×
要因格差率		81 /78	81 /92	81 /83
（要因格差率表参照）				
		≒	≒	≒
価格　円/m²		632,000	675,000	721,000
備考				

（時点修正率）
採用時点修正率　　年率　　-5.9%

比準価格の決定

上記により求められた価格は開差が生じたが、収益用不動産の価格の変動が大きかったためと考えられ、やむをえないものと考えられる。
各事例のうち事例-3の価格が高い理由については、事業主体の信頼性のため、J-REIT市場評価が良好であることも一因と考えられる。しかし、事例-3が最も時間的、場所的同一性を有している。
各事例から求められた価格の信頼性の程度は概ね同程度と考えられるため、対象不動産の価格を3価格の概ね平均値と判断し、賃貸可能面積あたり676,000円/m²、総額294,000,000円をもって対象不動産の比準価格と決定した。

別表2－2

取引事例比較法の適用（取引事例の概要）

	項目	対象不動産 A不動産	事例−1 B不動産	事例−2 C不動産	事例−3 D不動産
敷地条件	所在地	東京都●●区●●	東京都●●区●●	東京都●●区●●	東京都●●区●●
	土地面積 ㎡	234.56	362	731	261
	最寄駅 分	中央本線X駅 7	井の頭線Z駅 11	中央本線Y駅 10	中央本線X駅 3
	街路	南東区道（セットバック0.15mあり）	北東都道 北西側道	西区道（セットバックあり）	北西区道
	環境	一般住宅のほか共同住宅もある地域。	共同住宅が多い地域。	一般住宅のほか共同住宅も存する地域。	共同住宅のほか店舗もある地域。
	用途地域等	第一種低層住居専用地域 ・近隣商業地域 （50,80、100,300）	準工業 （70,200）	1中専 （60,200）	近隣商業 （80,300）
	その他	H20路線価 410	H20路線価 430	H20路線価 410	H20路線価 460
建物等条件	建築年月	平成19年11月	平成16年1月	平成19年2月	平成15年2月
	主用途	住居	住居	住居	住居
	構造	RC	RC	RC	RC
	階数	4F	6F	5F	4F
	建物延面積	589	762	1,414	543
	賃貸可能面積	435	681	1,107	521
	賃貸可能戸数	17	29	40	24
	主タイプ	シングル	シングル	シングル	シングル
	主開口部	北東（14戸）	南東（18戸）	南（約6割程度と推定）	北西（14戸）
	外装	コンクリート打放し	タイル貼り	タイル貼り	タイル貼り
	環境対応	特になし	特になし	特になし	特になし
	駐車場	なし	なし（外観から推定）	なし（外観から推定）	なし（外観から推定）
	駐輪場	あり（14台）	あり（台数不明）	あり（台数不明）	あり（台数不明）
	バルコニー（広さ）	あり（普通）	あり（普通）	あり（普通と推定）	あり（普通）
	エントランス	普通	普通	普通	良好
	再調達価格 円			305,000,000	
	再調達単価 円/㎡			（215,700 ）	
	PML	−	12.20%	11.00%	12.60%
	その他	バイク置場3台			
賃貸条件	最新賃料 坪	11,041	11,041	11,971	13,138
	期末稼働率	100%	100%	88%	100%
	契約形態	MLなし	ML（賃料保障型）	ML	ML（パス・スルー型）
取引条件	価格（取引）時点	平成20年9月1日	平成18年11月22日	平成19年11月7日	平成18年9月28日
	売買価格		463,300,000	893,000,000	435,000,000
	単価 円/㎡		（680,323 ）	（806,685 ）	（834,933 ）
	当初鑑定CR		5.00%		4.80%
	その他				

取引事例比較法の適用（価格形成要因表）

別表2－3

項　目	対象不動産・事例不動産	格差率	対象不動産	事例－1	事例－2	事例－3
地域条件・敷地の個別的条件						
地域条件：交通・接近条件						
(1)駅への距離	1分	104.00%				
	2分	103.00%				
	3分	102.00%				102.00%
	4分	101.00%				
	5分	100.00%				
	6分	99.00%				
	7分	98.00%	98.00%			
	8分	97.00%				
	9分	95.00%				
	10分	94.00%			94.00%	
	11分	93.00%		93.00%		
	12分	92.00%				
	13分	91.00%				
	14分	90.00%				
	15分超	89.00%				
	15分超	88.00%				
(2)店舗への距離	利便性あり	100.00%	100.00%		100.00%	100.00%
	利便性普通	97.00%				
	利便性劣る	95.00%		95.00%		
(3)公共施設等利用の利便性	良い	100.00%	100.00%		100.00%	100.00%
	やや劣る	99.00%		99.00%		
	劣る	98.00%				
地域条件：環境条件						
(1)周辺環境・名声	優れる（優良住宅）	104.00%	104.00%			
	普通（一般住宅）	100.00%			100.00%	
	やや劣る（商住混在地）	98.00%		98.00%		98.00%
	劣る（工住混在地）	94.00%				
	特に劣る（嫌悪施設あり）	90.00%				
(2)電車等の騒音・生活音	閑静	102.00%				
	気にならない	100.00%	100.00%	100.00%	100.00%	100.00%
	騒音・振動あり	98.00%				
敷地の個別的条件						
(1)画地条件	優れる	103.00%		103.00%		
	普通	100.00%				100.00%
	劣る	97.00%	97.00%		97.00%	
(2)土地についての権利	所有権	100.00%	100.00%	100.00%	100.00%	100.00%
	地上権	93.00%				
	賃借権	90.00%				
(3)建物の低層部の店舗	騒音・振動・匂い・品位の低下等を招く店舗なし	100.00%	100.00%	100.00%	100.00%	100.00%
	騒音・振動・匂い・品位の低下等を招く店舗あり	99.00%				
		地域条件・敷地の個別的条件の総合格差率	98.86%	88.29%	91.18%	99.96%

取引事例比較法の適用(価格形成要因表)

別表2－3

項目		対象不動産・事例不動産	格差率	対象不動産	事例－1	事例－2	事例－3
建物(建物及びその敷地)の個別的条件							
建築年数							
	(1)建築年数	0年	100.00%	100.00%			
		1年	98.20%			98.20%	
		2年	96.50%				
		3年	94.80%				
		4年	93.10%		93.10%		
		5年	91.50%				91.50%
		6年	89.90%				
		7年	88.40%				
		8年	86.80%				
		9年	85.30%				
		10年	83.90%				
		11年	82.50%				
		12年	81.10%				
		13年	79.70%				
		14年	78.30%				
		15年	77.00%				
		16年	75.80%				
		17年	74.50%				
		18年	73.30%				
		19年	72.10%				
		20年	70.90%				
		21年	69.80%				
		22年	68.60%				
		23年	67.50%				
		24年	66.50%				
		25年	65.40%				
		26年	64.40%				
		27年	63.40%				
		28年	62.40%				
		29年	61.40%				
		30年	60.50%				
		31年	59.50%				
		32年	58.60%				
		33年	57.70%				
		34年	56.90%				
		35年	56.00%				
		36年	55.20%				
		37年	54.40%				
		38年	53.60%				
		39年	52.80%				
		40年	52.10%				
		41年	51.30%				
		42年	50.60%				
		43年	49.90%				
		44年	49.20%				
		45年	48.50%				
		46年	47.80%				
		47年	47.20%				
		48年	46.50%				
		49年	45.90%				
		50年	45.30%				
住戸位置等							
	(1)総階数						
	5階まで		100.00%	100.00%		100.00%	100.00%
	6～10階まで		100.82%		100.82%		
	11～19階まで		102.33%				
	20～29階		104.09%				
	30～39階		105.92%				
	(2)エレベーターの有無						
	エレベーターあり(仕様・台数優る)		100.00%		100.00%	100.00%	100.00%
	エレベーターあり		98.00%				
	エレベーターなし(総階数3階まで)		96.00%				
	エレベーターなし(総階数4階以上)		94.00%	94.00%			
	(3)開口部の中心方位	北	93.30%				
		北東	95.00%	95.00%			
		東	96.70%				
		南東	98.70%		98.70%		
		南	100.00%			100.00%	
		南西	98.70%				
		西	96.70%				
		北西	95.00%				95.00%
	(4)日照・通風の良否	良好	100.00%		100.00%		
		やや悪い	98.30%			98.30%	98.30%
		悪い	96.70%				
		極めて悪い	93.30%	93.30%			

取引事例比較法の適用（価格形成要因表）

別表2－3

項目	対象不動産・事例不動産	格差率	対象不動産	事例－1	事例－2	事例－3
専有部分						
(1)室内の仕様・仕上	優れる	103.00%			103.00%	
	普通	100.00%	100.00%	100.00%		100.00%
	劣る	97.00%				
(2)室内メンテナンスの状況	優れる	100.70%				
	普通	100.00%	100.00%	100.00%	100.00%	100.00%
	劣る	99.30%				
(3)柱・梁・天井の状況	優れる	101.30%				
	普通	100.00%	100.00%	100.00%	100.00%	100.00%
	劣る	98.70%				
(4)-1省エネルギー性能	太陽光発電システム対応(オール電化ソーラーシステム)	107.00%	107.00%			
	上記に準じたシステム導入	103.00%				
	上記システム導入なし	100.00%		100.00%	100.00%	100.00%
(4)-2省エネルギー性能	エコキュート等の導入あり	101.00%	101.00%			
	エコキュート等の導入なし	100.00%		100.00%	100.00%	100.00%
(4)-3省エネルギー性能	次世代省エネルギー基準適合(その他)	101.00%	101.00%			
	一般省エネルギー基準適合(その他)	100.00%		100.00%	100.00%	100.00%
	一般省エネルギー基準適合なし(その他)	99.00%				
(5)外からの騒音・振動	なし	100.00%			100.00%	
	ややあり	99.30%	99.30%	99.30%		99.30%
	あり	98.50%				
	極端にあり	97.70%				
(6)バリアフリー対応状況	住宅金融公庫仕様に適合	100.00%				
	高齢者／障害者に配慮あり	99.80%	99.80%	99.80%	99.80%	99.80%
	配慮なし	99.70%				
(7)給湯設備	3箇所同時給湯可	100.00%	100.00%	100.00%	100.00%	100.00%
－標準住戸－	2箇所同時給湯可	99.80%				
	1箇所給湯以下	99.70%				
(8)収納(間口1.8m SINGLEは0.9m)	3箇所以上	100.00%				
－標準住戸－	1箇所超3箇所未満	99.70%				
	1箇所以下	99.30%	99.30%	99.30%	99.30%	99.30%
(9)-1 LDの広さ(FAMILY TYPE)	約畳12畳以上	100.70%				
－標準住戸－	約畳8畳以上約12畳未満	100.00%				
	約畳8畳未満	99.30%				
(9)-2 主たる部屋の広さ(SINGLE TYPE)	約畳8畳以上	100.70%				
－標準住戸－	約畳5畳以上約8畳未満	100.00%	100.00%	100.00%	100.00%	100.00%
	約畳5畳未満	99.30%				
(10)冷・暖房対応	3箇所	100.00%				
(SINGLEは3箇所→1箇所)	2箇所	99.80%				
	1箇所	99.70%	99.70%	99.70%	99.70%	99.70%
	なし	99.00%				
(11)バルコニーの広さ	優れる(FAMILYは15㎡以上、SINGLEは5㎡以上)	102.00%				
	普通(FAMILYは10㎡以上、SINGLEは3㎡以上)	100.00%		100.00%	100.00%	100.00%
	劣る(FAMILYは10㎡未満、SINGLEは3㎡未満)	98.00%	98.00%			
(12)眺望景観	普通	100.00%	100.00%			
	優れる	101.00%		101.00%	101.00%	101.00%
	特に優れる	101.70%				
(13)駐車場の空状況	敷地内駐車場空あり	100.00%				
	なし	99.00%	99.00%	99.00%	99.00%	99.00%
(14)専用庭の有無	あり(15㎡以上　SINGLE5㎡以上))	100.30%				
	あり(5㎡以上　SINGLE3㎡以上)	100.00%		100.00%		
	なし	99.80%	99.80%		99.80%	99.80%
建物主体部分・共用部分						
(1)建物の外装仕上材	優れる(タイル貼り等)	102.00%		102.00%	102.00%	102.00%
	普通(吹付タイル等)	100.00%	100.00%			
	劣る(リシン吹付等)	98.00%				
(2)外壁の状況	特に目立つ劣化なし	100.00%	100.00%	100.00%	100.00%	100.00%
	軽微な劣化	99.30%				
	劣化が目立つ	96.70%				
(3)建物エントランス状況	優れる	102.00%			102.00%	
	普通	100.00%	100.00%	100.00%		100.00%
	劣る	98.00%				
(4)耐震性	耐震性能が高い(PML15%以下)	100.70%		100.70%	100.70%	100.70%
	耐震性能は建基法に準拠(PML15%～20%、PML不明)	100.00%	100.00%			
	旧耐震基準(PML20%以上)	99.30%				
	旧耐震基準を満たさない	98.00%				
(5)バリアフリー対応状況	住宅金融公庫仕様に適合	100.00%				
	高齢者／障害者に配慮あり	99.80%	99.80%	99.80%	99.80%	99.80%
	配慮なし	99.70%				
設備部分・施設状況						
(1)避難路(二方向以上)	確保されている	100.00%	100.00%	100.00%	100.00%	100.00%
	確保されていない	99.00%				
(2)セキュリティ設備	なし	99.80%				
	オートロックのみ	100.00%	100.00%	100.00%	100.00%	100.00%
	高度なセキュリティ設備あり	100.20%				
(3)インターネット対応状況	対応	100.00%	100.00%	100.00%	100.00%	100.00%
	未対応	99.70%				
(4)宅配ボックスの有無	あり	100.00%	100.00%	100.00%	100.00%	100.00%
	なし	99.80%				

取引事例比較法の適用（価格形成要因表）

別表2－3

項　目	対象不動産・事例不動産	格差率	対象不動産	事例－1	事例－2	事例－3
大規模修繕への対応						
（1）主要な修繕の実施状況	適切に実施済	100.00%	100.00%	100.00%	100.00%	100.00%
	未済・主要工事が不要な築後年数	96.70%				
	未済・主要工事が必要な築後年数	94.70%				
（2）竣工時の主要な図書	あり	100.00%	100.00%	100.00%	100.00%	100.00%
	なし	99.30%				
（3）建築確認申請・検査関係図書	あり	100.00%	100.00%	100.00%	100.00%	100.00%
	なし	99.30%				
（4）建設住宅性能評価書	あり	100.00%				
	なし	99.80%	99.80%	99.80%	99.80%	99.80%
管理状態等						
（1）使用細則等の有無	あり	100.00%	100.00%	100.00%	100.00%	100.00%
	なし	99.00%				
（2）管理人室等	あり	100.00%	100.00%	100.00%	100.00%	100.00%
	なし	99.80%				
（3）コミュニティ施設	あり	100.00%				
	なし	99.70%	99.70%	99.70%	99.70%	99.70%
（4）自転車・バイク置場	あり（住戸数確保）	100.00%			100.00%	
	あり（住戸数の1/2以上）	98.00%	98.00%			98.00%
	あり（住戸数の1/4から1/2）	96.00%		96.00%		
	あり（住戸数の1/4未満）	94.00%				
	なし	92.00%				
（5）専用トランクルーム	あり	100.00%				
	なし	99.70%	99.70%	99.70%	99.70%	99.70%
巡回・清掃の状況						
（1）管理員の勤務形態	24時間管理（3交代制など）	101.00%				
	日勤	100.00%				
	巡回・週5日	99.00%			99.00%	
	巡回・週3～4日	97.50%	97.50%	97.50%		97.50%
	巡回・週2日以下	96.50%				
	管理員なし	95.00%				
（2）保守清掃の状況	優れる	101.00%				
	普通	100.00%	100.00%	100.00%	100.00%	100.00%
	劣る	99.00%				
建設・設計の良否						
（1）デザイン性	優れる	100.50%	100.50%		100.50%	100.50%
	普通	100.00%		100.00%		
	劣る	99.50%				
（2）設計・設備の機能性	良好	102.00%				
	普通	100.00%	100.00%	100.00%	100.00%	100.00%
	劣る	98.00%				
遵法性・有害化学物質						
（1）遵法性	問題なし	100.00%	100.00%	100.00%	100.00%	100.00%
	問題あり					
（2）シックハウス対策	良好	102.00%				
（ホルムアルデヒド、キシレン、ベンゼン	普通	100.00%	100.00%	100.00%	100.00%	100.00%
などの揮発性有機化合物（VOC））	劣る	98.00%				
（3）吹付けアスベスト	なし（アスベスト含有建材の問題もなし。）	100.00%	100.00%	100.00%	100.00%	100.00%
	なし（アスベスト含有建材1%未満はあり。）	99.00%				
	あり（飛散性はなし。）	97.00%				
	あり（飛散性あり。）					
（4）PCBの使用の有無及びその状態	なし	100.00%	100.00%	100.00%	100.00%	100.00%
（PCB使用電気機器、変圧器	あり（保管状況は適切）	99.00%				
、埋設コンデンサ）	あり（保管状況は不適切・不明）					
（5）その他の有害な物質の使用の有無・状態	問題なし	100.00%	100.00%	100.00%	100.00%	100.00%
	問題あり					
建物と敷地・環境との適応・適合						
（8）建物と敷地との適応状態	優れる	101.00%				
	普通	100.00%	100.00%	100.00%	100.00%	100.00%
	劣る	99.00%				
（9）建物とその環境との適合状況	優れる	101.00%				
	普通	100.00%	100.00%	100.00%	100.00%	100.00%
	劣る	99.00%				
		建物（建物及びその敷地）の個別的条件の総合格差率	82.13%	86.51%	101.17%	81.69%
	賃貸借条件					
賃貸経営管理の良否						
（1）借主の状況及び賃貸借契約の内容	優れる	101.00%				
	普通	100.00%	100.00%	100.00%	100.00%	100.00%
	劣る	99.00%				
（2）貸室の稼働状況	良好	102.00%		102.00%		102.00%
	普通	100.00%	100.00%		100.00%	
	劣る	98.00%				
（3）賃貸戸数・全体賃貸面積の程度	良好	101.00%				
	普通	100.00%	100.00%	100.00%	100.00%	100.00%
	劣る	99.00%				
（4）専有面積の平均規模	良好	101.00%				
	普通	100.00%	100.00%	100.00%	100.00%	100.00%
	劣る	99.00%				
		賃貸借条件の総合格差率	100.00%	102.00%	100.00%	102.00%
		総合格差率（端数調整）	81%	78%	92%	83%

第3章

日本にもある「環境付加価値」の実現例

第１節　（伊藤）

全戸太陽光発電設備付き賃貸マンションにみられる付加価値

Ⅰ　事業の概要

ニューガイア・プロジェクトは、太陽光発電設備を全戸に備えた賃貸マンションとして、日本で最初の民間投資事業である。

全てのニューガイア・マンションはソーラーシステムだけではなく、“エコキュート”（CO_2ヒートポンプを使用した高効率温水システム）、省エネ型エアコン、IHクッキングユニット、浄水器といった高品質設備を装備している。そして新エネ事業や省エネ事業に対する補助金が最大限に活用されている（【図表3-1】）。

【図表3-1】竣工済み事業の一覧

アパートメント名	立　地	竣工年月	構造・階数	住戸数
ニューガイア上石田	福岡県北九州市	2005年2月	鉄筋コンクリート造6階建	43戸
ニューガイア太刀洗	福岡県三井郡太刀洗町	2006年2月	鉄筋コンクリート造5階建	15戸
ニューガイア高野	福岡県北九州市	2006年3月	鉄筋コンクリート造3階建	33戸
ニューガイア博多東	福岡県糟屋郡粕屋町	2007年3月	鉄筋コンクリート造9階建	56戸
ニューガイア空港通り	福岡県糟屋郡志免町	2008年2月	鉄筋コンクリート造6階建	60戸
ニューガイア四季彩の丘	福岡県北九州市	2008年2月	鉄筋コンクリート造7階建	109戸

（芝浦特機㈱ホームページより作成）

Ⅱ　事業費用

上記プロジェクトの一つであるニューガイアAの事業費用を相場から推定した通常のマンションのものと比較すると、概略、以下のとおりである（【図表3-2】）。

【図表3-2】ニューガイアA事業費用内訳概略

単位：円

項　目	ニューガイアA（実データをもとに記載）	通常の賃貸マンション（相場から推定）	コメント
土　地 建　物 合　計	141,000,000 641,000,000 782,000,000	141,000,000 573,000,000 714,000,000	太陽光発電、エコキュート等の有無による
（補助金）	（19,000,000）		

（芝浦特機㈱講演会資料をもとに作成）

太陽光発電設備と、その他高品質設備の費用は約9千万円に達するが、これら費用は補助金と金利優遇により、ほぼ賄われた形となっている。このプロジェクトにはイメージ向上効果があり、また収入安定度も極めて高いことから、銀行も積極的に優遇金利を適用している。

Ⅲ　賃貸事業収支

ニューガイア・マンションの入居者は、光熱費について平均約70％の省エネルギーを達成していることから、賃料は相場よりも10％程度高めに設定されているにも関わらず、稼働率は常に100％であり、多くの人が入居待ち状態となっている。

ニューガイアAのキャッシュフローを、相場から推定した通常のマンションのものと比較すると、概略以下のようになる（【図表3-3】）。

【図表3-3】ニューガイアAに関するキャッシュフロー概略

単位：円

項　目	ニューガイアA （実際のデータ）	通常のマンション （相場から推定）	コメント
収　入	58,480,000	52,632,000	稼働率及び設定賃料を勘案
支　出	4,255,000	6,995,000	保険料負担や共用部光熱費の差異による
NOI （運営純収益）	54,225,000	45,637,000	
借入金返済** （土地・建物）	27,153,000 （金利1.8%、30年）	27,773,000 （金利2.5%、30年）	
借入金返済** （設　備）	10,280,000 （金利1.4%、5年）	9,755,000 （金利2.1%、5年）	
税引前キャッシュフロー	16,792,000	8,109,000	
自己資本利回り**	22.0% 自己資本 76,300,000	11.4% 自己資本 71,400,000	税引前キャッシュフローの自己資本に対する割合 （ニューガイアAの補助金 19,000,000は自己資本に含まない）

＊＊　ニューガイアAの総事業費は、実際には借入金、補助金と入居者からの敷金により賄われているが、この分析においては総事業費（補助金を除く）の90%を借り入れたものと想定する。なおこの利回りは、建物長期修繕費用を差引く前のキャッシュフローに関する利回りであることに注意を要する。

この分析によれば、ニューガイア・プロジェクトは金融面からみても、通常のマンションよりも収益性が高いこととなる。

ここでは、「自己資本利回り」による比較を行ったが、仮に、このエリアにおいて通常のマンションのNOI（運営純収益）利回りを７％とすると、

通常マンションの価格は45,637千円÷７％＝652百万円となり、総事業費714百万円に達しないことから、当該マンションの事業化は難しいこととなる。

一方、ニューガイアのマンションに関しては、少なくとも総事業費の90％を占める借入金に関し、0.7％の金利優遇を受けていることから、投資家にとっては0.7％×90％≒0.6％程度、利回りを低く

設定しても、同じイールドギャップ（不動産の利回りから金利負担分を差引いた数値）を享受できることとなる。そこでニューガイア・マンションの利回りを７％－0.6％＝6.4％に設定すると、

ニューガイアAの価格は54,225千円÷6.4％＝847百万円となり、総事業費を上回る。補助金19百万円差引後の総事業費に対しては10％超の利益も生じることから、投資事業としても成立することとなる。

Ⅳ　全戸太陽光発電設備付きマンションに関する課題

以上、ニューガイア・マンションのケースでは、まさに環境付加価値の実現ともいうべき良好な経済効果が示されているが、同様のケースが全国各地に波及されるようになるための課題もあると考えられる。

１．賃借人メリットの適正な転嫁について

前述の事業収支にも見られるとおり、ニューガイア・マンション最大の経済効果は稼働率向上による収入の増加である。もともと住宅賃貸マーケットとして必ずしも強くないエリアにあり、平均的な稼働率が低水準にある中で、ニューガイア・マンションは水道光熱費削減という賃借人メリットが大きな評判となり、稼働率100％を維持している。土地の取得コストも安く、また首都圏等に比べれば低い建築コストも、事業化に寄与しているものと考えられる。

では、同様の事業を例えば東京都23区内で実施するとなればどうか。もともと都区内では賃貸住宅の稼働率が高いことから、太陽光発電設備や高品質の付帯設備を備えるためには、それに見合った賃料水準の引き上げが必要となる。入居者が自らの水道光熱費低減効果や、地球環境への配慮を積極的に評価する状況にあれば、この賃料水準の増分を積極的に受け入れることも考えられるが、このような賃借人メリットの適正な転嫁は、実際の賃貸借マーケットでは容易でないものと考えられる。

2．設備・運営ノウハウの普及

もう一つの課題は、このように高度な設備・運営ノウハウをいかに普及させるかである。

建築計画との調和、適正な系統連携の確保、電力会社との交渉、使用設備との調和、入居者への説明・アフターサービスなど、全戸太陽光発電設備付きマンションには、従来のコンストラクション・マネジメントやプロパティ・マネジメントのノウハウではカバーしきれない高度かつ地道な対応が求められることとなるのである。

第２節 テナントビルの省エネ改修におけるバリューアップ効果

（御所園）

Ⅰ　省エネ設備の導入に対する支援制度とその実績

省エネ設備を導入する建物に対する国や自治体の支援制度のうち、代表的なものに独立行政法人新エネルギー・産業総合開発機構(以下「NEDO」という）の「住宅・建築物高効率エネルギーシステム導入促進事業」補助金がある。設備導入費用の１／３が補助される制度で毎年多数の公募があり、2002～2005年度は新築建物及び既存建物改修をあわせて300件以上が採択され、合計で10％を超える省エネルギー実績を挙げている（【図表3-4】参照)。これら補助事業は、導入された省エネシステムやエネルギー使用量削減実績がNEDOのホームページで公開されている。そこで本節ではこの公開データを元に、既存のテナントビルで省エネ改修を実施したことによるバリューアップ効果を推定することとした。

【図表3-4】NEDO「住宅・建築物高効率エネルギーシステム導入促進事業」

補助事業名称	BEMS導入支援事業	建築物に係るもの
補助対象設備	・ エネルギー需要の最適な管理を行うためのBEMS（ビルエネルギーマネジメントシステム） ・ エネルギーの計測計量装置、 ・ 省エネの制御機器等	・ 高効率エネルギーシステム ➢ 空調設備、 ➢ 給湯設備、 ➢ 照明設備等、 ・ BEMS等の計測装置、等
補助額	省エネ設備投資費用の1／3	省エネ設備投資費用の1／3
件数実績（新築+既築）	248件	65件
エネルギー使用量削減実績	11.1%	24.2%
平均補助額	1件あたり2,900万円	1件あたり5,100万円
参考URL	http://www.nedo.go.jp/kankobutsu/pamphlets/dounyuu/bems2007.pdf	http://www.nedo.go.jp/kankobutsu/pamphlets/dounyuu/kenchikubutsu2008.pdf

Ⅱ　省エネ投資によるバリューアップ効果の試算例１（Bビル）

１．省エネ改修事業概要

Bビルは、東京都港区にある延床面積12,000㎡のテナントビルである。竣工後16年目の2004年に「BEMS導入支援事業」を活用し省エネルギー改修を行っている（【図表3-6】Bビル参照）。エネルギー管理を行うBEMSの他、複数の空調機省エネ制御を導入し、2,030GJ／年（7.4％）の省エネ効果を挙げている。まずこの省エネ量と、補助事業平均改修費単価及びエネルギー単価（1.5円／MJと推定）を用いることで、改修費は15.5百万円、エネルギー削減額は３百万円／年程度と推測した。改修費の１／３が補助されることから、ビルオーナーの投資額は10.3百万円ということになる。

２．ビルオーナー帰属分の環境付加価値

テナントビルのエネルギー費用はビルオーナーとテナントがそれぞれ負担していることが多いため、省エネ改修による削減額もビルオーナー帰属分とテナント帰属分を分けて考える必要がある。ここではビルオーナー帰属の削減額を全体の50％、1.5百万円／年と仮定する。ビルオーナー帰属の削減額1.5百万円／年に対して、同様

の設備投資を15年後にできるように償却額相当を差引くと、1.5−10.3÷15≒0.81百万円／年となる。概ねこれがビルオーナーの純収益増加分に相当する。

省エネ投資前のBビル純収益をα、利回りを仮に5.0％とすると、上記省エネ投資に伴うBビルの環境付加価値は、以下のように純収益増加分だけで見ても投資額を上回ることになる。

$$\frac{\alpha+0.81}{5.0\%} - \frac{\alpha}{5.0\%} = 16.2\text{百万円}$$

（省エネ投資後の価値）　（省エネ投資前の価値）　（省エネ投資に伴う環境付加価値）

さらに上記環境付加価値の投資額比を求めると、16.2÷10.3≒1.6となる。

３．テナント帰属分の省エネ効果を含めた環境付加価値

２においてはビルオーナー帰属分の削減コストのみを取り上げたが、テナント帰属分の削減コストに関しても、間接的には不動産の付加価値を生じさせるものと考えられる。省エネ投資によりテナントにメリットの生じているテナントビルは、テナント募集、新規賃料設定、賃料改定、稼働率などにおいて、省エネルギー投資を行わない類似のビルよりも優位となることは想像できる。

仮にテナントビル帰属分の削減コスト1.5百万円／年が新規賃料や稼働率の上昇によりビルオーナーに還元された場合、２と同様の想定によれば1.5百万円÷5.0％＝30.0百万円の環境付加価値が上乗せされることになり、全体で46.2百万円の環境付加価値となる。環境付加価値の投資額比は、46.2÷10.3≒4.5となる。

Ⅲ　省エネ投資によるバリューアップ効果の試算例２（Cビル）～事業用設備の劣化更新を伴う場合

１．省エネ改修事業概要

Cビルは、東京都渋谷区にある延床面積7,400㎡のテナントビルである。竣工後19年目の2002年に「建築物に係るもの」補助事業を

活用し省エネルギー改修を行っている（【図表3-6】Cビル参照）。エネルギー管理を行うBEMSの他、空調機、照明器具、変圧器を高効率タイプの設備に更新し、4,960GJ／年（28.8％）という大きな省エネ効果を挙げている。この省エネ量と、補助事業平均改修費単価及びエネルギー単価（1.5円／MJと推定）を用いることで、改修費は93.0百万円、エネルギー削減額は7.4百万円／年程度と推測した。改修費の１／３が補助されることから、ビルオーナーの投資額は62.0百万円ということになる。

２．ビルオーナー帰属分の環境付加価値

Bビルと同様に、ビルオーナー帰属のコスト削減額を全体の50％、3.7百万円／年と仮定する。ビルオーナー帰属の削減額3.7百万円／年に対して、同様の設備投資を15年後にできるように償却額相当を差引くと、3.7－62.0÷15≒－0.43百万円／年となる。すなわちビルオーナーの純収益は減少することになる。この理由は、空調機や照明器具などの設備更新を伴う大規模な改修のために、改修費が膨らんだためである。

しかしこれら設備はテナントビルとして不可欠な設備であり、且つ竣工から20年近くを経過し劣化が予想されることから、省エネ云々に関わらず投資が必要な設備と考えられる。このような設備更新を伴う省エネ投資の場合には、事業用設備への投資額と省エネ投資額は切り離して考えるべきであろう。ここでは仮に、改修費の半額46.5百万円（補助金差引き後15.5百万円）を省エネ投資分と考えて環境付加価値を計算する（【図表3-6】C’ビル参照）。

ビルオーナー帰属の削減額3.7百万円／年に対して、ビルオーナーの省エネ投資額15.5百万円を15年後にできるように償却額相当を差引くと、3.7－15.5÷15≒2.67百万円／年となる。概ねこれがビルオーナーの純収益増加分に相当する。

省エネ投資前のJビル純収益をα、利回りを仮に5.0％とすると、上記省エネ投資に伴うJビルの環境付加価値は、以下のように純収

益増加分だけで見ても投資額を上回ることになる。

$$\underset{\text{(省エネ投資後の価値)}}{\frac{\alpha+2.67}{5.0\%}} - \underset{\text{(省エネ投資前の価値)}}{\frac{\alpha}{5.0\%}} = \underset{\text{(省エネ投資に伴う環境付加価値)}}{53.4\text{百万円}}$$

さらに上記環境付加価値の投資額比を求めると、53.4÷15.5≒3.4となる。

Ⅳ 省エネ効果の適正配分について

上記Ⅱ及びⅢについては、ビルオーナー帰属の省エネ効果（コスト削減額）をビル全体の50％と想定したが、現実のテナントビル省エネ投資に関しては、そのような配分が容易でないものと思われる。

テナントビルにおけるエネルギーコストの大半は専用部分に属することから、オーナーが省エネ投資を行ってもその効果の大部分はテナントの水道光熱費削減に反映されることとなる。オーナーとしては、それを直ちに賃料等に転嫁して回収できる訳ではないため、投資回収が進まない懸念が生じる。

このような問題を解消する手段として、有限責任事業組合（LLP）などを利用しオーナーとテナントが協力して省エネを推進

【図表3-5】LLPスキームの図式（住友信託銀行CSRレポート2007より転記）

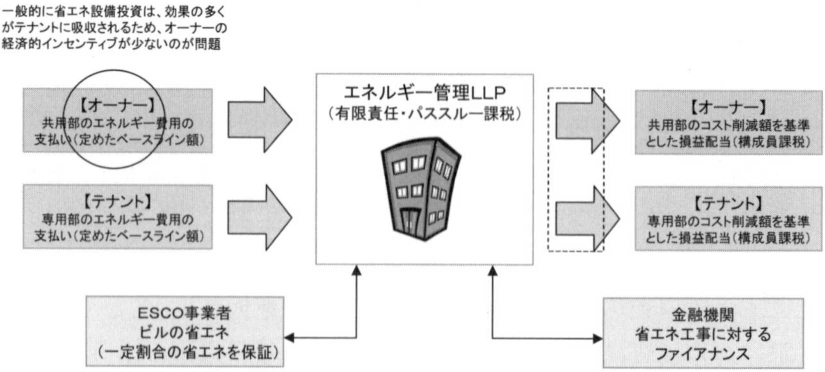

一般的に省エネ設備投資は、効果の多くがテナントに吸収されるため、オーナーの経済的インセンティブが少ないのが問題

【オーナー】
共用部のエネルギー費用の支払い（定めたベースライン額）

【テナント】
専用部のエネルギー費用の支払い（定めたベースライン額）

エネルギー管理LLP
（有限責任・パススルー課税）

【オーナー】
共用部のコスト削減額を基準とした損益配当（構成員課税）

【テナント】
専用部のコスト削減額を基準とした損益配当（構成員課税）

ESCO事業者
ビルの省エネ
（一定割合の省エネを保証）

金融機関
省エネ工事に対する
ファイアナンス

【図表3-6】テナントビルの省エネ改修におけるバリューアップ効果の試算

建物記号		B	C	C'
所在地		東京都港区	東京都渋谷区	同左
延床面積		12,000 ㎡	7,400 ㎡	同左
竣工年		1988 年	1983 年	同左
改修年		2004 年	2002 年	同左
補助事業名		BEMS 導入支援 （平成 15 年度）	建築物に係るもの （平成 14 年度）	同左
参考 URL		http://www.nedo.go.jp/informatioT8ns/events/181204/181204.html	http://www.nedo.go.jp/informations/other/170909_1/170909_1.html	同左
採用システム		BEMS 空調機 CO_2 濃度制御 空調機間欠運転制御	BEMS 高効率パッケージ空調機 Hf 照明 高効率変圧器	同左
一次エネルギー削減実績［a］		2,030GJ/年（7.4%）	4,960GJ/年（28.8%）	同左
補助事業平均改修費単価［b］		7,627 円/(GJ/年)	18,750 円/(GJ/年)	同左
改修費	総額 ［c=a×b］	15.5 百万円	93.0 百万円	46.5 百万円 （純粋な省エネ投資は左記の半額と仮定）
	補助額［d=c/3］	5.2 百万円	31.0 百万円	同左
	ビルオーナー投資額 ［e=c-d］	10.3 百万円	62.0 百万円	15.5 百万円
エネルギー単価（仮定）［f］		1.5 円/MJ	1.5 円/MJ	同左
エネルギー削減額	建物全体 ［g=a×f］	3.0 百万円/年	7.4 百万円/年	同左
	ビルオーナー帰属分 ［h=g×50%］	1.5 百万円/年	3.7 百万円/年	同左
	テナント帰属分 ［i=g-h］	1.5 百万円/年	3.7 百万円/年	同左
ビルオーナーの純収益増加分（15 年間での投資回収を考慮後）［j=h-e/15］		0.81 百万円/年	−0.43 百万円/年	2.67 百万円
利回り（仮定）［k］		5.0%	5.0%	同左
環境付加価値	ビルオーナー帰属分 （15 年間での投資回収を考慮後） ［l=j/k］	16.2 百万円	−8.6 百万円	53.4 百万円
	テナント帰属分 ［m=i/k］	30.0 百万円	74.0 百万円	同左
	合計［n=l+m］	46.2 百万円	65.4 百万円	127.4 百万円
環境付加価値の投資額比	ビルオーナー帰属分 （15 年間での投資回収を考慮後） ［l/e］	1.6	−0.1	3.4
	テナント帰属分込み ［n/e］	4.5	1.1	8.2

する金融スキーム[1]の研究が進められている（図表3-5）。

[1] 「賃貸収益不動産（テナントビル）における複数事業者（ビルオーナー、テナント）連携型省エネルギーモデル事業」（FS事業）
http://www.nedo.go.jp/informations/koubo/181214_2/besshi1.pdf

第３節　（伊藤）

自然共生が地域にもたらす「付加価値」ー宮崎県綾町の例

以上、建物の環境性能を中心に付加価値の例を述べたが、ここで地域としての価値向上をもたらしていると思われる例を挙げてみることとしたい。

「自然生態系を生かし育てる町にしよう」を町の憲章の第一に掲げ、照葉樹林の保全と再生、自然生態系農業の推進、そして町の文化や自然を生かした産業振興と、それを学習・体験させる「産業観光」の推進を行う宮崎県綾町の例である。[1]

Ⅰ　綾町の自然環境と照葉樹林

綾町は宮崎県のほぼ中央に位置し、宮崎市から西方約20km、大淀川の支流・本庄川をさかのぼったところにある。総面積9,521haのうち約80％が森林で占められ、住宅及び農地等は町の東に広がる平野部に集中している。そして町の西側、九州中央山地に連なる綾北川・綾南川に囲まれた地域には、わが国有数の照葉樹林帯が広がっており、クマタカ・ニホンカモシカをはじめ、多種多様な動植物が生息している。

照葉樹とは、冬でも落葉しない広葉樹（シイ類、カシ類、タブノキ類等）であり、表面の角質層が発達した光沢の強い深緑色の葉を持っている。照葉樹林は、かつて日本西南部に広く分布し、漆、染料、モチ、麹など、日本文化のルーツともいわれているが、過度の利用や開発によりその大部分が失われ、まとまった面積のものがほとんど存在しない状況となっている。その中で宮崎県綾町の照葉樹林はよく原生状態を残しており、まとまった面積は約2,000ha（国有林）に及び、人工林によって分断された飛び地部分も含めると、約１万ha（国有林約8,700ha、県・町有林約800ha）に及ぶものといわれている（【図表3-7】参照）。

【図表3-7】照葉樹林の内部（筆者撮影）

[1] 以下、宮崎県及び綾町ホームページ、「綾町プロフィール」・「綾町の自然生態系農業と有機農産物等活用ガイド」（綾町）、「綾の照葉樹林プロジェクト」（九州森林管理局）、「綾の照葉樹林ガイド」（てるは森の会）及び綾町役場でのヒアリング内容を参考に記述した。

この照葉樹林で1960年代後半に持ち上がった伐採計画に関し郷田町長（当時）は、町の発展のために貴重な資源となる照葉樹林を失ってはならないと、強くこれに反対した。そして同町の照葉樹林帯は1982年九州中央山地国定公園に指定され、1984年にはこの公園内の綾川渓谷に、世界最大級の歩道吊橋が架橋された（【図表3-8】参照）。

【図表3-8】綾の吊橋と照葉樹林遠景（綾町役場提供）

この吊橋は「綾の照葉樹林」を世に知らせる大きな効果をもたらし、後に述べるような観光振興につながったほか、世界遺産認定に向けた動きも始まっている。さらに2005年には九州森林管理局・宮崎県・綾町・㈶日本自然保護協会・てるは森の会の５者が協定書を取り交わし、「綾の照葉樹林プロジェクト（綾川流域照葉樹林帯保護・復元計画）」がスタートした。

このプロジェクトは、現在の照葉樹林を分断しているスギ・ヒノキ等の人工林密度を間伐等で落とし、林内に光を多く取り入れることにより、かつての照葉樹林の林相を残す保護樹帯からの天然下種で照葉樹を自然発生させていく試みである。自然発生させた照葉樹が十分に育った頃に残るスギやヒノキを全て除去し、元来の照葉樹林に近いものに復元させていくことを目指している（【図表3-9】参照）。

【図表3-9】綾の照葉樹林プロジェクトイメージ図（九州森林管理局ホームページより抜粋）

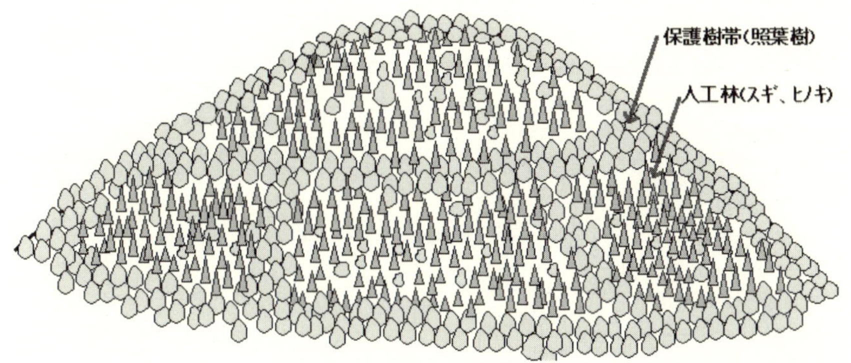

<人工林とこれを囲む保護樹帯のイメージ図>

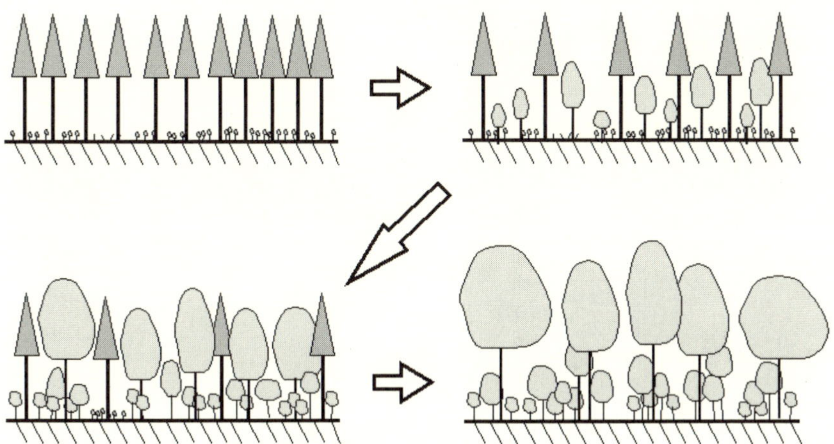

<照葉樹林への復元のイメージ図>

Ⅱ「自然生態系農業」と「産業観光」

綾町では、自然の摂理を尊重した農業を推進するため、1988年に全国初の「自然生態系農業の推進に関する条例」を制定した。農業の近代化がもたらした歪みを反省し、農産物の安全性を確保し自然環境にも調和した農業を推進するため、この条例にもとづき自然生

態系農業の基準設定、審査方法、認証方法を定め、ラベル表示を行っている。(【図表3-10】参照)

【図表3-10】自然生態系農産物の認証基準とラベル表示（綾町ホームページより）

農地の認定区分	過去における農地の管理状況	
	土壌消毒剤除草剤	土づくり
A 農地	使用しない	土づくり 3 年以上の農地
B 農地	使用しない	土づくり 2 年以上 3 年未満の農地
C 農地	使用しない	土づくり1年以上 2 年未満の農地

管理の認定区分	土壌消毒剤除草剤	化学肥料	合成化学農薬（防除回数）
A	使用しない	使用しない	使用しない
B	使用しない	三要素施用成分総量 20%以下	慣行防除の 1/5 以下
C	使用しない	三要素施用成分総量 20%以下	慣行防除の 1/3 以下

<table>
<tr><th colspan="3">総合認定区分基準</th></tr>
<tr><th>農地認定区分</th><th>生産管理認定区分</th><th>総合認定区分</th></tr>
<tr><td>A</td><td>A</td><td>A
（ゴールド）</td></tr>
<tr><td>A</td><td rowspan="2">B</td><td rowspan="3">B
（シルバー）</td></tr>
<tr><td>B</td></tr>
<tr><td>B</td><td>A</td></tr>
<tr><td>A</td><td rowspan="3">C</td><td rowspan="5">C
（カッパー）</td></tr>
<tr><td>B</td></tr>
<tr><td>C</td></tr>
<tr><td rowspan="2">C</td><td>A</td></tr>
<tr><td>B</td></tr>
</table>

A（ゴールド）　B（シルバー）　C（カッパー）

生産された自然生態系農産物は、まず「地産地消」の考え方のもと、町内公共施設はじめ学校給食の食材のほとんどを賄うほか、町内の「ほんものセンター」、「直販センター」や農協・生協・スーパー・インターネット等を通じて町内外に流通している。

自然生態系農業のほか、照葉樹林文化等から派生した生活文化のもと、木工・竹工・陶芸・染色等の手作り工芸も同町の特色となっている。また自然生態系を守り、文化を育てた延長として、1989年にはテーマパーク「酒泉の杜」がスタートしている。これは、バブル時代にありがちであった海外を模したようなテーマパークとは異なり、自然生態系を守り文化を育てた同町の象徴として、水が命の酒造り企業のあり方を示しているものであり、地元雇用・地元調達を可能な限り実現している。

このように、同町の自然や文化を生かした産業を振興するとともに、それを学習・体験してもらうような観光を、同町は観光産業ならぬ「産業観光」と称し、これを積極的に推進している。

Ⅲ　綾町にもたらされた「付加価値」とは

ここで、不動産の「付加価値」という観点から、同町の照葉樹林保全・回復、自然生態系農業、産業観光といった取組を考えてみたい。

1　人口及び入込客数等の推移

まず、地方都市の郡部などにおいて過疎化の深刻化が指摘されているが、綾町の場合はどうか。【図表3-11】では、同町の「産業観光」振興の契機ともいえる「綾の大吊橋」竣工前年である1983年を100として、宮崎県・宮崎市を除く宮崎県・綾町の人口推移を示した。宮崎県全体の人口が他の地方圏の傾向と同様、減少傾向にあり、さらに宮崎市を除く市町村に関してはそれが顕著であるのに対し、綾町の人口は微増傾向にある。ヒアリングによれば、自然生態系農業や工芸関係者の移住も進んでいるとのことである。

【図表3-11】人口指数の推移

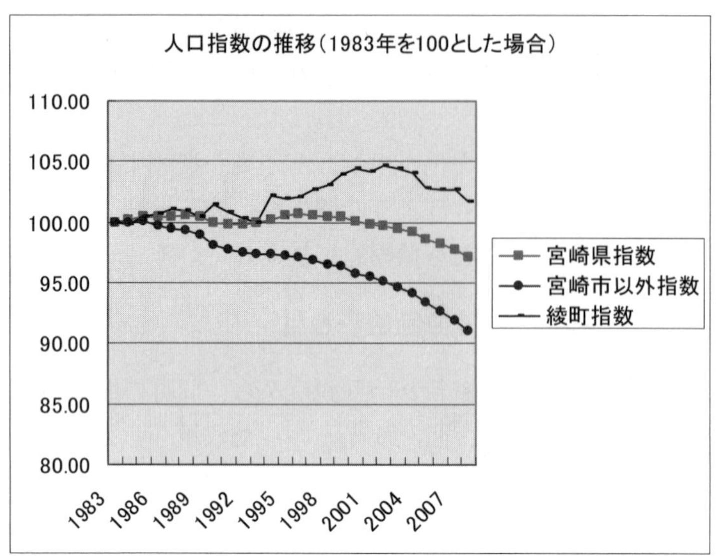

次に、綾町を訪れた人数（入込客数）についても上記と同様、1983年を100として【図表3-12】に推移を示した。比較する宮崎県に関しては観光客数を用いているため、若干データソースは異なるが、綾町の伸びが際立っている。

【図表3-12】観光客数（入込客数）の推移

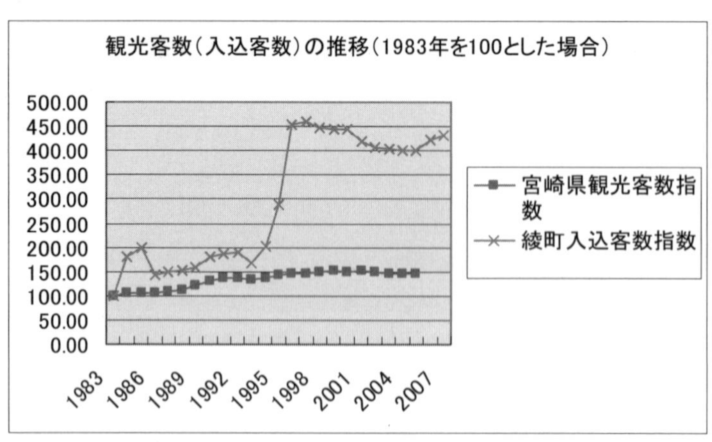

２　経済指標の推移

商店年間商品販売額に関し、データが得られた1991年以降の推移を【図表3-13】に示した。ここでも、宮崎県の指数が全国的な傾向と同様、微減傾向を示しているのに対し、綾町は年によって振幅はあるものの、大きな伸びを示している。

【図表3-13】商店年間商品販売額の推移

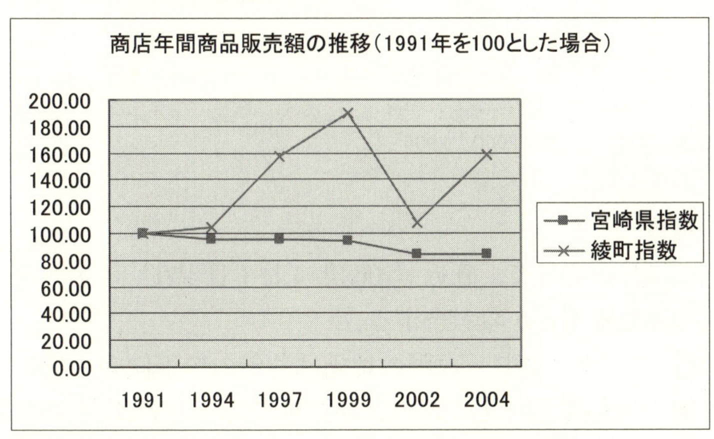

次に農業生産に関して、【図表3-14】に示した。

ここも県は「農業産出額」、町は「農林水産物生産額（農産物合計）」を用いており、データソースは若干異なるが、県全体としては従来の微減傾向から、昨今の県産品アピール効果を反映してか微増に転じたのに対し、綾町も同じような傾向をたどりつつ増加率は県を上回っている状況が見て取れる。

【図表3-14】農業産出額の推移

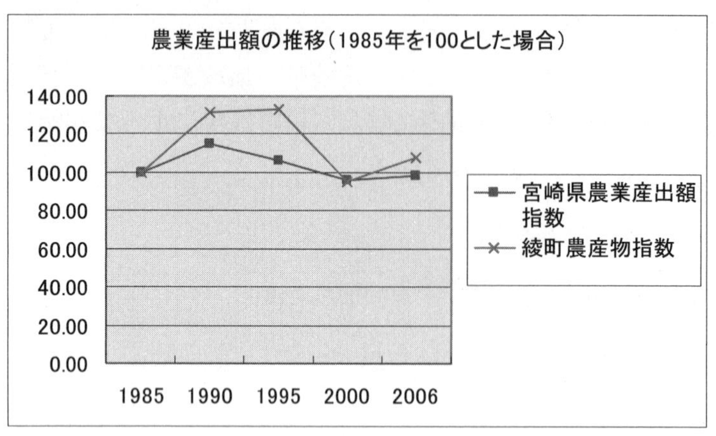

3　地価の推移

次に地価の推移に関して、直近（2008年4月1日現在）のデータを含む都道府県地価調査から考察する。[1]

【図表3-15】に示すとおり、綾町の地価は若干の低下傾向も見られるが、年率では住宅地－1％以内、商業地でも－1.5％以内の範囲にとどまるのに対し、宮崎県平均は他の地方圏の傾向と同様、住宅地－1％超、商業地では－3.5％に達する年もある。

1　国土交通省土地総合情報ライブラリーにある最近11年間のデータを利用した。

【図表3-15】住宅地・商業地価格増減率推移（都道府県地価調査）

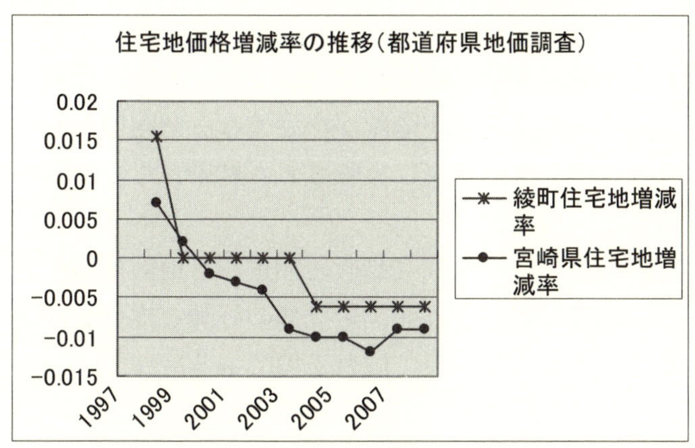

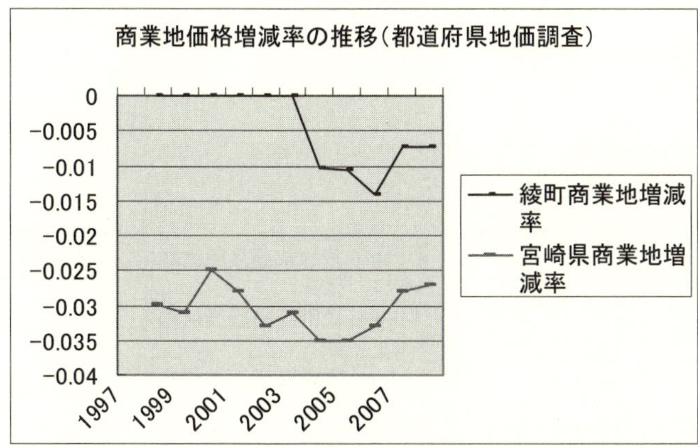

4　統計のまとめと、付加価値に関する考察

以上のとおり、綾町は人口、来訪者数、農業生産、商品販売額といった指数がいずれも県平均を上回る形で推移している。上記においては指数を示したが、ここで綾町の商品販売額を貨幣額で示すと、1991年は56億円、2004年は89億円となる。もし同町の商品販売額が県平均と同じ推移（1991年の100に対し、2004年は84）をたどったとすれば、2004年の同町商品販売額は47億円となり、現状よりも42億円も少ないこととなる。これは町民１人あたり約56万円、

１世帯あたりでは約150万円であり、決して小さくない数字であることが分かる。

あわせて提示した地価の推移に関しては、もともと土地単価の低い地域については高い地域よりも下落幅が小さくなる傾向はあるものの、上記のような経済効果が地価に反映された結果とも受け取れるのではないだろうか。

現に【図表3-16】のように、年間商品販売額推移と地価推移を重ね合わせてみると、綾町においては商品販売額の好調な推移が地価の下落を食い止めているようにも見て取れるのである。

【図表3-16】年間商品販売額推移と地価推移の重ね合わせ*

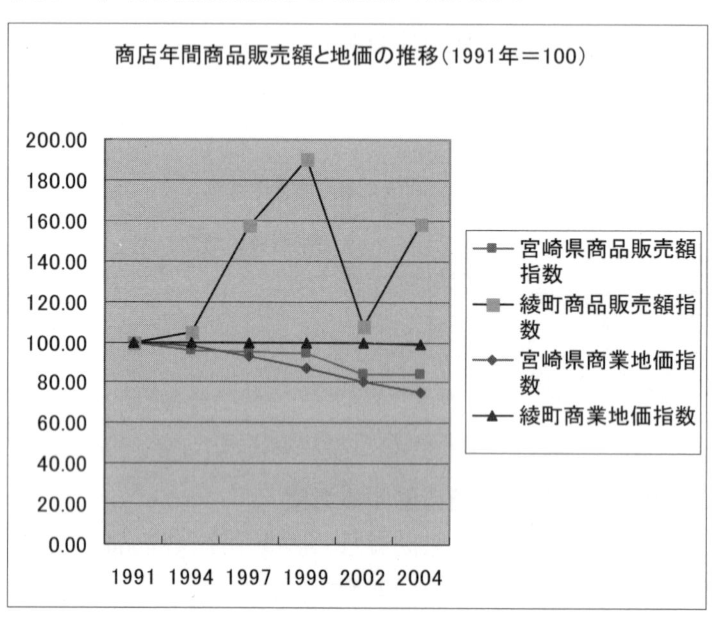

＊　1991年～1996年の地価推移に関しては各ポイントの変動率の平均による。

さらに、同町の自然共生的な取り組みは、日本国としての課題でもある食料・エネルギー自給問題の解決にも通じるものと考えられる。安心・安全な食料について国内の生産高を高めることと、間伐材を再生可能エネルギーとして利用することは、いずれも日本国の喫緊の課題として位置付けられているからである。[1]

綾町の照葉樹林は国内においても希少な存在であり、稀有な要素とも考えられるが、日本全国のそれぞれの地方都市は、その自然的要因、それに結びついた文化や伝統について、何らかの特色を有しているのではないだろうか。それぞれの都市がこのような付加価値を認識し、特色を生かした自然共生の取り組みにつなげることが、大いに期待されるところである。

[1] フードアクションニッポン　http：//www.syokuryo.jp/
バイオマスニッポン総合戦略　http：//www.maff.go.jp/j/biomass/pdf/h18_gaiyou.pdf
ほか

第４章

環境付加価値関連規制の動向とリスク分析

第１節　　（阿部）

環境付加価値関連規制の動向

本節では、地球温暖化の影響に対する日本と諸外国の取組（環境関連規制法案等）について以下のような流れで説明することとする。

Ⅰ．国際的取組
Ⅱ．我が国における取組
　１．京都議定書目標達成計画
　２．地球温暖化対策推進法
　３．省エネ法
Ⅲ．東京都における取組
Ⅳ．不動産業における取組
　不動産業における環境自主行動計画
Ⅴ．諸外国における取組
　１．排出権取引
　２．環境関連税

Ⅰ　国際的取組（京都議定書）

地球温暖化問題に対処するため、気候変動枠組条約が1992年５月に採択され、1994年に発効した。我が国は1992年６月の国際連合環境開発会議において署名、1993年５月に受諾した。

気候変動枠組条約は、「気候系に対して危険な人為的干渉を及ぼすこととならない水準において大気中の温室効果ガスの濃度を安定化させること」を究極的な目的とし、そのような水準は、生態系が気候変動に自然に適応し、食料の生産が脅かされず、かつ、経済開発が持続可能な態様で進行することができるような期間内に達成されるべきであるとしている。

気候変動枠組条約の目的を達成するための長期的・継続的な排出削減の第一歩として、先進国の温室効果ガスの削減について法的拘束力を持つ形で約束する京都議定書が、1997年12月に京都で開催された気候変動枠組条約第３回締約国会議（COP３：The third Conference of the Parties）において採択された。

京都議定書では、排出の抑制及び削減に関する数量化された約束の対象となる温室効果ガスを二酸化炭素（CO_2)、メタン（CH_4)、一酸化二窒素（N_2O)、ハイドロフルオロカーボン（HFC)、パーフルオロカーボン（PFC)、六ふっ化硫黄（SF６）とし、これら温室効果ガスの排出量を2008年から2012年までの第１約束期間において先進国全体で1990年レベルと比べて少なくとも５％削減することを目的として、各国ごとに法的拘束力のある数量化された約束が定められ、日本においては６％削減が定められた。また、約束達成に際しては、吸収源についてもカウントできることとされ、さらに、国別の約束達成に係る柔軟措置として京都メカニズム[1]が規定された。

さらに2008年７月の主要国首脳会議（北海道洞爺湖サミット）では2050年に世界の温暖化ガス排出量を半減させることが合意された。米国は京都議定書から離脱し、地球温暖化対策に後ろ向きだったが、2009年に誕生したオバマ政権は既に方針転換を表明している[2]。また、温暖化ガス排出量半減の国連採択、そして中国、インドなどの新興諸国への一定の排出抑制義務について提案される動きもあるが、先進国がまず中期目標を定めるべきとして、これらの新興諸国との溝も目立っている。

2．　P31参照

さらに2009年に予定されている「国連気候変動枠組条約の第15回締約国会議（COP15）」では、2013年以降の枠組み「ポスト京都議定書」の最終合意・採択が目標となっており、地球温暖化対策は国際的にも大きく動きつつある。

[1] 京都メカニズムとは，京都議定書で温室効果ガス排出量に数値目標が課せられたOECD加盟国（先進国）や経済移行国（市場経済への移行の過程にある国．中東欧諸国やロシアを指す。）が，目標を達成するために利用することのできる柔軟措置の１つで，自国の温室効果ガス排出量が排出枠（排出権）を上回った場合に，外国から排出枠を購入したり，外国で実施した温室効果ガス削減を自国の削減とみなすことができる仕組みのことである。

Ⅱ　我が国における取組

１．京都議定書目標達成計画

「京都議定書目標達成計画」は京都議定書の2005年２月の発効を受けて、2005年４月に閣議決定されたものであり、現在、本計画に基づき地球温暖化対策が進められている。この計画はあくまで、2008年度から2012年度までの京都議定書第１約束期間に基準年度（1990年）から６％削減することを内容とする計画である。

その後、既存対策の進捗状況の評価等を踏まえ、2010年度排出量の見通し及び不足削減量の推計が行われた。2008年２月の産業構造審議会・中央環境審議会合同会合の最終報告では、現行対策のみでは3,600万t-CO_2の不足が見込まれるものの、今後、各部門において、各主体が、現行対策に加え、追加された対策・施策に全力で取り組むことにより、3,700万t-CO_2以上の排出削減効果が見込まれ、京都議定書の６％目標は達成し得るとされた（【図表4-1】、【図表4-2】）。

この結果をふまえ2008年３月28日には改定京都議定書目標達成計画が閣議決定され、以下のような追加対策を含め、目標達成のための対策と施策が示された。

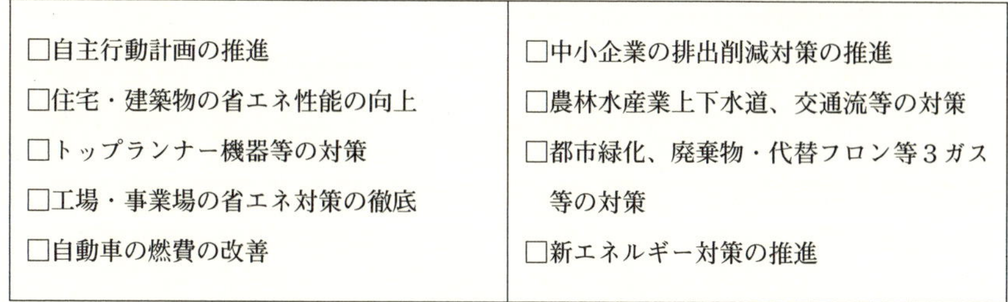

□自主行動計画の推進	□中小企業の排出削減対策の推進
□住宅・建築物の省エネ性能の向上	□農林水産業上下水道、交通流等の対策
□トップランナー機器等の対策	□都市緑化、廃棄物・代替フロン等３ガス等の対策
□工場・事業場の省エネ対策の徹底	□新エネルギー対策の推進
□自動車の燃費の改善	

【図表4-1】2010年度の温室効果ガス排出量の見通しと不足削減量

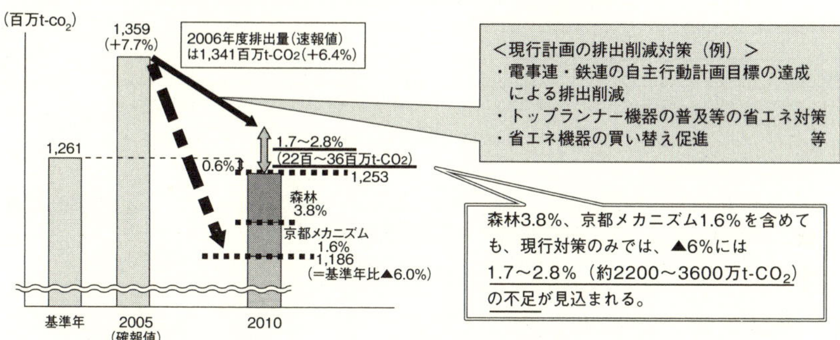

出典：環境省ホームページ
「産構審・中環審合同会合　最終報告の概要」より引用
http://www.env.go.jp/council/06earth/r060-02/r060-02c.pdf

【図表4-2】2010年度の温室効果ガス排出量の推計

（百万t-CO_2）

区　分	実績			2010年度推計結果				目標達成計画目標	
				対策上位ケース		対策下位ケース			
	京都議定書の基準年	2005年度	基準年比増減率	排出量	基準年比増減率	排出量	基準年比増減率	排出量	基準年比増減率
エネルギー起源CO_2	1,059	1,201	+13.4%	1,076	+1.6%	1,089	+2.8%		
産業部門	482	452	−6.1%	424	−12.1%	428	−11.3%		
民生（業務その他部門）	164	239	+45.4%	208	+26.5%	210	+27.9%		
民生（家庭部門）	127	174	+36.4%	138	+8.5%	141	+10.9%		
運輸部門	217	257	+18.1%	240	+10.3%	243	+11.9%		
エネルギー転換部門	68	79	+16.5%	66	−2.3%	66	−2.3%	1,253.6	−0.6%
非エネルギー起源CO_2	85	91	+6.6%	84	−0.7%	84	−0.7%		
メタン	33	24	−28.1%	23	−31.8%	23	−31.8%		
一酸化二窒素	33	25	−22.0%	25	−24.1%	25	−24.0%		
代替フロン等3ガス	51	18	−64.9%	31	−39.5%	31	−39.5%		
総排出量	1,261	1,359	+7.7%	1,239	−1.8%	1,252	−0.8%		

注）1：基準年は18年8月に条約事務局に提出した割当量報告書における値、2005年度は2006年度速報値時点の確定値
　　2：下線は基準年総排出量比
　　3：想定よりも社会経済活動量が大きくなる場合や個々の対策・施策の効果が現在の想定を下回る場合もあり得る

出典：環境省ホームページ
　　「京都議定書目標達成計画の評価・見直しに関する最終報告」（H20.2.8中央環境審議会地球環境部会、産業構造審議会環境部会地球環境小委員会）より引用
　　http://www.env.go.jp/earth/report/h19-04/full.pdf

2．地球温暖化対策推進法（改正）

「地球温暖化対策の推進に関する法律」は，地球温暖化防止京都会議（COP3）で採択された「京都議定書」を受け，国や地方公共団体，事業者，国民が一体となって地球温暖化対策に取り組むための枠組みを定めた法律であり、1998年10月2日の参議院本会議で可決され,10月9日に公布された。

「地球温暖化対策の推進に関する法律」は、地球温暖化が地球全体の環境に深刻な影響を及ぼすものであり、気候系に対して危険な人為的干渉を及ぼすこととならない水準において大気中の温室効果ガスの濃度を安定化させ地球温暖化を防止すること（中略）を目的とする。」とされ、また、第3条（国の責務）において「国は、大気中における温室効果ガスの濃度変化の状況並びにこれに関連する気候の変動及び生態系の状況を把握するための観測及び監視を行うとともに、総合的かつ計画的な地球温暖化対策を策定し、及び実施するものとする。」とされ、さらに第8条（京都議定書目標達成計

画）において、「政府は、京都議定書第三条の規定に基づく約束を履行するために必要な目標の達成に関する計画（以下「京都議定書目標達成計画」という。）を定めなければならない。」とされている。

この「地球温暖化対策の推進に関する法律」は昨今では１～２年で改正され、温暖化対策に向けた対策等の改正や施策が新たに定められ、早い動きとなっている。

なお、この「地球温暖化対策の推進に関する法律」については2008年３月６日に一部を改正する法律案の閣議決定がなされた。これは、「京都議定書目標達成計画の評価・見直しに関する最終報告」において、京都議定書の６％削減目標の達成を確実にするために、排出量の伸び続けている業務部門・家庭部門への対策を抜本的に強化する必要があったためである。改正法律案では、そのために必要な諸施策の導入を図るものとなっており、その内容は次のとおりである。

＜法律案の概要＞

⑴温室効果ガス算定・報告・公表制度の見直し

［１］事業者単位・フランチャイズ単位での排出量の算定・報告の導入

算定・報告・公表制度について、事業所単位から事業者単位・フランチャイズ単位による排出量の算定・報告に変更することとする。また、内訳として、これまで報告のあった一定規模以上の事業所については、排出量を報告しなければならないこととする。

［２］京都メカニズムクレジット等の評価

国は、事業者が自主的に行う京都メカニズムクレジットの取得及び政府への移転、国内における他者の排出抑制への協力等を促進するよう配慮することとする。

⑵排出抑制等指針の策定

事業者は、事業活動に伴う排出の抑制等のために必要な措置及び情報提供等国民の取組に寄与する措置等を講ずるよう努めなければならないこととし、それに資するよう主務大臣（環境大臣、経済産業大臣及び事業所管大臣。）は、排出抑制等指針を策定する。指針において、事業者に対して、排出原単位（床面積など経済活動の量を代表するものの単位量当たりの排出量）による水準や取組内容を用途区分ごとに示すこととする。

⑶国民生活における温室効果ガス排出抑制のための取組促進

排出抑制等指針において、国民の日常生活における温室効果ガス排出抑制の努力及びそれを支援する者の在り方等について具体的に明らかにすることとする。

⑷新規植林・再植林CDM事業によるクレジットの補填手続の明確化

クリーン開発メカニズム（CDM）事業により発行されるクレジットのうち、新規植林・再植林CDM事業から発生するクレジットに係る国際合意上の補填義務について、国内法上、当該義務の主体、履行方法等の補填手続を定めることとする。

⑸地方公共団体実行計画の充実

地方公共団体実行計画の中で、都道府県、指定都市、中核市及び特例市（都道府県等）は、その区域の自然的社会的条件に応じて、温室効果ガスの排出の抑制等のための施策について定めることとする。

⑹地球温暖化防止活動推進員、都道府県地球温暖化防止活動推進センター等の見直し

現行の都道府県に加え、指定都市、中核市及び特例市においても地球温暖化防止活動推進センターを指定すること、地球温暖化防止活動推進員を委嘱することを可能とすることと

する。

また、地方公共団体実行計画の達成のために都道府県等が行う施策に対して、都道府県等の地球温暖化防止活動推進センターは必要な協力をすることとする。

※施行期日

平成21（2009）年４月１日【平成21（2009）年度から企業単位・フランチャイズ単位での算定を開始し、平成22（2010）年度からその報告を開始】、⑷、⑸については、公布日、⑵、⑶については、公布日から６月以内の政令で定める日、⑹については、公布日から１年以内の政令で定める日。

３．省エネ法

省エネ法（エネルギーの使用の合理化に関する法律）は、第２次石油危機を契機に1979年に制定された。その後、４回の法改正があり、現在、工場・事業場、輸送、住宅・建築物、機械器具の４分野において省エネ対策を定めている。

2008年５月30日に「エネルギーの使用の合理化に関する法律の一部を改正する法律（改正省エネ法、2009年４月施行予定。一部2010年４月施行予定)」が成立した。

今回の改正は、エネルギー消費量が大幅に増加している業務・家庭部門への対策強化を主目的としており、その内容の主なものは次のとおりである。

＜業務部門等に係る省エネルギー対策の強化＞

・事業所単位から事業者（企業）単位でのエネルギー管理義務を導入（本社だけでなく支社や営業所なども合算したエネルギー使用規模に対して網掛け。テナントビルに入居している事業者（企業）は、賃借部分のエネルギー使用量も管理範囲となる。）
・フランチャイズチェーンも１業者とみなされ、事業者単位と同様の規制を導入。

→これらにより製造業を中心とした工場だけでなく、オフィスやコンビニ等の業務部門における省エネルギー対策を強化

上記により、業務部門のカバー率は現在の１割程度から５割程度まで上昇する見込みとされている。

なお、2009年３月18日公布の政令では、エネルギーの使用の合理化を特に推進する必要がある者として指定する者（特定事業者及び特定連鎖化事業者）の指定の基準が、原油換算klで1,500kl／年となった。

<住宅・建築物に係る省エネルギー対策の強化>

・2,000㎡以上の大規模建築物は「第１種特定建築物」という名称になり、省エネ措置及び維持保全状況が著しく不十分な場合、指示・公表に加えて命令（罰則）が課される。（施行日は2009年４月１日）

・300㎡以上2,000㎡未満の建築物は「第２種特定建築物」（住宅を除く）という名称になり、新築・増改築・大規模修繕の届出及び維持保全状況の定期的報告が新たに義務付けられることになった（省エネ措置及び維持保全状況が著しく不十分な場合、罰則はないものの勧告がなされる）。（施行日は2010年４月１日）

・住宅を建築し販売する事業者に対し、住宅の省エネ性能向上を促す措置を導入（多数の住宅を建築・販売する者には、勧告、命令等がなされる）。

・住宅・建築物の省エネルギー性能の表示を推進。

→これらにより家庭・業務部門における省エネルギー対策を強化

Ⅲ 東京都における取組

都民の健康と安全を確保する環境に関する条例（通称「環境確保

条例」）は、他の法令と相まって、環境への負荷を低減するための措置を定めるとともに、公害の発生源について必要な規制及び緊急時の措置を定めること等により、現在及び将来の都民が健康で安全かつ快適な生活を営む上で必要な環境を確保することを目的として定められたものである。環境への負荷の低減の取組（CO_2対策関連）のほかに、土壌汚染の工場公害対策、大気汚染等の自動車公害対策等が定められている。

もともとの環境確保条例において、CO_2排出削減義務化のベースとなった2005年からの「地球温暖化対策計画書制度」であったが、義務ではなく、事業者の自主的な取組に期待する位置づけであったため、限界があった。

これを踏まえて、2008年６月25日「都民の健康と安全を確保する環境に関する条例の改正」が都議会で可決され、「地球温暖化対策計画書制度」を強化した。これによりエネルギー消費量が、原油換算で年間1,500kl以上の事業所（大規模事業所）は５年間のCO_2排出削減計画を策定し、履行の義務が求められることとなった。

また、事業所が削減義務を達成できなかった場合、東京都が義務不足量に最大1.3倍を乗じた削減量を命令し、それでもできない場合には最高50万円の罰金が課されるほか、東京都知事が命令不足量を調達し、調達費用を請求することにより、実効性を確保している。（2010年施行）

一方、CO_2排出削減義務化を補完する措置として事業者による努力だけではCO_2削減が難しい場合、排出量取引制度を利用できることとした。大規模事業所同士の取引のほか、同条例の義務対象外である中小規模事業所が目標以上にCO_2排出削減を達成した場合、大規模事業所が排出量を購入できる仕組みもあるが、基準となる排出量を決定することは、難しい側面がある。

環境確保条例の新たな規定事項内容（東京都環境審議会の答申（2008年３月28日）
（１）地球温暖化対策計画書制度の強化 （２）中小規模事業所の地球温暖化対策推進制度の創設 （３）地域におけるエネルギーの有効利用に関する計画制度の導入 （４）建築物環境計画書制度の強化 （５）家庭用電気機器等に係るCO_2削減対策の強化 （６）自動車から排出されるCO_2の削減対策の強化 （７）小規模燃焼機器におけるCO_2削減対策の強化（省エネ型ボイラー等の普及拡大）

⑴地球温暖化対策計画書制度の強化

都内の業務・産業部門におけるCO_2排出量は、都内のCO_2排出量全体の４割以上を占め、業務部門では1990年度比33％増加（2005年度）している。事業所数では１％にも満たない大規模CO_2排出事業所からの排出量が、都内の業務・産業部門の排出量の約４割を占め、一所当たりの平均排出量は一般家庭の約3,300世帯分にも及ぶ。このため、これら温室効果ガス排出量の大きい事業所が、より積極的に削減対策に取り組んでいくことが求められる。これに関する制度強化の方向性は次のとおりである。

現行「地球温暖化対策計画書制度」

- 温室効果ガス排出量が相当程度大きい事業所を対象に、削減対策計画等の作成・提出を義務付け
- 計画書及び取組結果を知事が評価・公表することにより、一定の対策の実施を促進

制度強化

○対策の実施だけでなく、対象事業所からの温室効果ガス排出総量そのものを抑制することにより、総量削減を確実に実現できる仕組み

- 削減対策の実施に加え、温室効果ガス排出総量の削減義務を導入
- 補完的措置として、実質的な削減を可能とする排出量取引のしくみを導入（義務以上の削減量や、中小規模事業所での削減量などを取引可能に）

東京都HP：都民の健康と安全を確保する環境に関する条例（環境確保条例）の改正について（2008年３月28日答申　新たに規定する事項の内容）より引用
http：//www.metro.tokyo.jp/INET/KONDAN/2008/03/40i3v101.htm

⑵中小規模事業所の地球温暖化対策推進制度の創設

都内には、全国の１割強をも占める約70万の中小規模事業所が存

在し、業務・産業部門の約６割のCO_2を排出しているが、中小規模事業所の排出量削減を促進する仕組みづくりが必要である。これに関する制度強化の方向性は次のとおりである。

これまでの取組

- 地球温暖対策計画書制度における任意提出制度
（2005年度提出実績：19件）
- 省エネ研修会や省エネ現場相談などによる取組支援

制度強化

○中小規模事業所が簡単にCO2排出量を把握でき、具体的な省エネ対策を実施できる制度の構築

- 全ての中小規模事業者が取り組める省エネ報告書（仮称）の任意提出制度の導入

○個々の事業所は地球温暖化対策計画書制度の対象規模に満たないが、同一法人が管理等を行う複数の事業所で多くのエネルギーを使用している場合の取組促進

- 同一法人が管理等を行う複数の事業所のエネルギー使用量合計が一定量以上の法人の場合、各事業所の省エネ報告書の取りまとめ、届出義務の導入

東京都HP：都民の健康と安全を確保する環境に関する条例（環境確保条例）の改正について（2008年３月28日答申　新たに規定する事項の内容）より引用
http://www.metro.tokyo.jp/INET/KONDAN/2008/03/40i3v101.htm

⑶地域におけるエネルギーの有効利用に関する計画制度の導入

東京の都市機能の更新において行われる大規模な開発により、大量かつ高密度なエネルギー需要が発生するため、こうした開発においてCO_2削減を推進していくため、地域におけるエネルギーの有効利用を図り、低炭素型の都市づくりを推進していくことが必要である。これに関する制度強化の方向性は次のとおりである。

現行「地域冷暖房計画制度」

- 知事は建築物が集中する一定の地域を地域冷暖房計画区域に指定するとともに、地域冷暖房計画を策定
- 区域内の建築物の設置者又は管理者に、当該区域の地域冷暖房計画への加入に努める義務

制度強化

○大規模開発においてCO2削減を図っていくため、1)建築物の省エネ性能の向上、2)未利用エネルギー・再生可能エネルギーの活用、3)開発地域に対する効率的なエネルギー供給の実現が重要

- 一定規模以上の開発を行う事業者に対する義務の導入
  - 開発計画を策定する早い段階に、「地域におけるエネルギーの有効利用に関する計画」を作成・提出する義務
  - 当該開発において計画する建築物の省エネ性能の目標値を設定
  - 熱源方式として地域冷暖房を検討し、これを選択する場合、「地域エネルギー供給に関する計画」を作成する義務
- 当該開発において建設される建築物の省エネ性能を建築物環境計画書によって確認、必要に応じて指導
- 優れた地域冷暖房に限定した区域指定の見直し
  - 都が定めるトップランナー基準に基づく地域冷暖房区域の指定
  - 指定区域内にある一定の熱需要のある建築物所有者等に熱供給受入検討義務(知事による熱供給の受入検討の要請)

東京都HP：都民の健康と安全を確保する環境に関する条例(環境確保条例)の改正について(2008年３月28日答申　新たに規定する事項の内容）より引用
http://www.metro.tokyo.jp/INET/KONDAN/2008/03/40i3v101.htm

(4)建築物環境計画書制度の強化

東京では、都心部を中心に活発な都市活動が行われており、建築物に起因するCO_2排出量は依然増加傾向にある。建築物はいったん建築されると長期にわたり使用されることから、その環境性能の程度は、東京における将来の環境負荷を規定する大きな要因となるため、建築物の新築時等に環境配慮の措置を一層強化していくことが重要となる。これに関する制度強化の方向性は次のとおりである。

現行「建築物環境計画書制度」

- 大規模な建築物※の新築等を行う建築主に、環境配慮の措置と評価を記載した建築物環境計画書の提出を義務付け、知事がその内容を公表

  ※延床面積1万平方メートル超

- 住宅用途については、販売広告にマンション環境性能表示の掲出を義務付け

制度強化

○より多くの建築物を対象として市場への影響力を高め、環境に配慮した建築物が評価される市場の形成を図る。

- 計画書制度の対象拡大：1万平方メートル超からより中規模へ
- マンション環境性能表示の対象拡大：販売広告に加え、賃貸広告も対象

○再生可能エネルギーの積極的な導入を誘導

- 再生可能エネルギーの導入検討義務の導入

○省エネ性能の高い建築物が取引段階で評価される仕組みを構築

- 省エネルギー性能評価書（仮称）制度の創設
- 建築物の賃貸借の相手方に省エネ性能の評価を書面で提示

○大規模建築物の省エネ性能の底上げを図る。

- 省エネ性能の最低基準の設定と義務化

東京都HP：都民の健康と安全を確保する環境に関する条例（環境確保条例）の改正について（2008年３月28日答申　新たに規定する事項の内容）より引用

http：//www.metro.tokyo.jp/INET/KONDAN/2008/03/40i3v101. htm

(5)家庭用電気機器等に係るCO_2削減対策の強化

家庭部門のCO_2排出量は都内総排出量の４分の１を占め、1990年度比15％増加し、家庭からのCO_2総排出量を削減するための取組を本格的に開始することが必要である。これに関する制度強化の方向性は次のとおりである。

これまでの取組

- 家電製品への省エネラベリング制度
- 白熱球一掃作戦の展開

○家庭でエネルギーを使用する機器を選択する際に、より省エネ性能に優れた機器等の選択を都民に促す

- 家庭用電気機器等の設置者等に、節電・省エネ（再エネ含む）などに資する機器を設置する努力義務の導入
- 家庭用電気機器等の販売事業者等に、節電・省エネに加え、再エネの利用に資する機器の情報を購入者などに情報提供する努力義務の導入

○家庭でのエネルギー消費の33％を占める給湯器をはじめ、機器を選定するための情報等の提供

- 知事の情報提供努力義務（認定制度等による普及促進）

東京都HP：都民の健康と安全を確保する環境に関する条例(環境確保条例)の改正について(2008年３月28日答申　新たに規定する事項の内容) より引用
http://www.metro.tokyo.jp/INET/KONDAN/2008/03/40i3v101.htm

(6)自動車から排出されるCO_2の削減対策の強化

運輸部門のCO_2排出量は都内全体の約３割（自動車は都内全体の約２割）を占め、1990年度比0.8％増となっている。このため、自動車に起因するCO_2の削減は急務である。これに関する制度強化の方向性は次のとおりである。

現行

- 低公害車の普及促進
  - 自動車使用者への低公害車の使用努力義務
  - 200台以上の自動車使用者に5%以上の低公害車導入義務
  - 自動車製造者、販売者、整備事業者への低公害車普及にかかる努力義務等
- 駐停車時のアイドリングストップ義務
- 粒子状物質等を増大させる燃料の使用や販売の規制
- 自動車環境管理計画書制度
  - 都内で自動車を30台以上使用する事業者に対し、自動車使用の合理化措置などを記載した計画書及び実績報告書の提出義務付け

制度強化

○CO2削減の観点から、低公害かつ燃費性能に優れた自動車の普及促進

- 「低公害車」の規定を、「低公害かつ低燃費な自動車」に改める。

○CO2削減に寄与するエコドライブの取組促進

- 自動車等の運転者がエコドライブに努める義務の導入

○再生可能エネルギーの利用により、燃料の面からもCO2を削減

- 自動車燃料等の製造者による開発促進・安定供給努力義務、販売者による環境情報の説明義務、使用者の使用努力義務の導入

○自動車交通需要発生の原因となる運送事業者を利用する事業者（買主・売主等）による取組促進

- 買主・売主等事業者の自動車利用合理化に係る努力義務
- 一定規模以上の貨物取扱量がある事業所を有する事業者への、新たな環境管理計画書の作成・提出の義務付け

東京都HP：都民の健康と安全を確保する環境に関する条例（環境確保条例）の改正について（2008年３月28日答申　新たに規定する事項の内容）より引用

http://www.metro.tokyo.jp/INET/KONDAN/2008/03/40i3v101.htm

⑺小規模燃焼機器におけるCO_2削減対策の強化（省エネ型ボイラー等の普及拡大）

2005年度の都におけるCO_2排出量の約１割が小規模燃焼機器からの排出であると推計されるため、現在大気汚染対策として行っている低NOX燃焼機器の認定制度を活用し、低CO_2の観点からも小規模燃焼機器の性能向上・普及促進を図っていくことが必要である。これに関する制度強化の方向性は次のとおりである。

現行

- 小型ボイラー類、内燃機関類（ガスヒートポンプ等）を設置する者がNOX排出量の少ない燃焼機器の設置に努める義務
- 知事が低NOX機器に係る情報提供に努める義務（低NOXボイラー等の認定・公表）

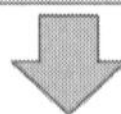
制度強化

○小規模燃焼機器を設置する際に、低NOXに加え、省エネ性能に優れた機器の選択を促す。

- 小規模燃焼機器の設置者に低NOXかつ低CO2機器を設置する努力義務の導入
- 知事に低NOXかつ低CO2機器の情報提供努力義務（認定制度等による普及促進）

東京都HP：都民の健康と安全を確保する環境に関する条例（環境確保条例）の改正について（2008年３月28日答申　新たに規定する事項の内容）より引用
http://www.metro.tokyo.jp/INET/KONDAN/2008/03/40i3v101.htm

Ⅳ 不動産業における取組

～不動産業における環境自主行動計画（㈳不動産協会）より～

<内　容>

⑴　ビル等の設計等に関わるCO_2等排出の削減（自主的・主体的に対応）
⑵　ビル等の設計等に関わるCO_2等排出の削減（関係者と連携して対応）
⑶　面開発に関わるCO_2等排出の削減
⑷　自社使用ビルのCO_2等排出の削減

不動産業の主要な業務は、ビル等の業務施設の建設・賃貸および運営・維持管理、マンション・戸建て住宅の建設・分譲等であるが、具体的な活動の領域としては「構想・企画・設計」から、「開発・建設」、住宅の「分譲」またはビル等の「賃貸および運営・維持管理」、「解体・廃棄」に至る非常に幅広い領域に及ぶ。そして、それぞれの業務・領域において、設計、建設、設備、管理関係等の取引先事業者やテナント、マンション管理組合など多くの関係者と関わりを有しており、環境活動を行う上でも、これらの関係者との協働が求められる。

また、建築物のライフサイクルは数十年の単位であり、特にオフィスビルはより長期となる傾向にある。現時点での事業活動が将来の都市像に大きな影響を与えることになることから、中長期的な観点に基づいて省CO_2型のビル等を提供し、環境負荷の少ないストックとして形成していくことが必要である。したがって、これらの広範な業務、領域での環境への影響を考慮し、不動産業の業務活動の特徴を考慮して環境活動を進めていくことが重要である。

⑴　ビル等の設計等に関わるCO_2等排出の削減（自主的・主体的に対応）

不動産協会会員企業は、ビル等の新築に際し、長寿命化を重視するとともに最新の省エネルギー設備・機器を積極的に導入し、トップレベルの省エネルギー性能を念頭に置いた設計を推進する。

具体的には、オフィスビルを新築する際には原則、省エネ法の定める「建築主の判断の基準」を１割程度以上上回るレベル（PAL、ERRでそれぞれ10％程度以上低減するレベル）とする。さらに、大規模オフィスビルの建築に際しては、設備・機器の省エネルギーについてより高い目標（ERRで20％程度以上低減するレベル）を設定し、積極的にCO_2等排出の削減に努める。改修、設備更新等に際しては、上記の新築時の基準を考慮しつつ、長期的観点を踏まえ計画的・積極的に対策を講じていく。

PAL：省エネ法に示された年間熱負荷係数。建物外壁・窓などを通じての熱損失水準に関する指標

ERR：省エネ法に示されたCEC（空調、機械換気、照明、給湯、エレベータといった主要設備毎のエネルギー消費係数）を統合化した指標。設備全体における一次エネルギー消費量

⑵　ビル等の設計等に関わるCO_2等排出の削減（関係者と連携して対応）

㈳不動産協会会員企業によるビル等の運営・維持管理業務を通じて、CO_2等排出抑制の推進を図る。賃貸しているビルのテナントや分譲したマンションの管理組合などの関係者と協力・連携を図り、省エネルギー行動を推進する。

特に、ビル等の運用時においては、共用部分のCO_2排出抑制の推進、テナントとの連携・協働による運用管理の改善、ビル全体の効率的なエネルギー管理システムの構築等について最新の知見、技術を活用し、省エネルギー、CO_2等排出抑制対策の計画的な取組を積極的に推進する。

⑶　面開発に関わるCO_2等排出の削減

㈳不動産協会会員企業による大規模再開発事業のような面的開発等においては個別建物対策だけでなく、地域冷暖房や地区内外におけるエネルギー融通の導入や未利用エネルギー・再生可能エネルギーの活用、加えて緑化等によるヒートアイランド対策などにより、面的、地域的に省エネルギー、CO_2排出抑制等に取り組む。そのために先進事例やモデルを示し、普及・啓発に努める。

⑷　自社使用ビルのCO_2等排出の削減

㈳不動産協会会員企業が自らの業務でビルを使用するに当たっては、日常的な省エネルギー行動の推進、省エネルギー機器の導入等により、床面積当りのエネルギー消費量（エネルギー消費原単位）

について、2008年度から2012年度の平均値が1990年度水準より５％下回ることを目指す。

<今後の主な課題>

①　オフィスビルの運用対策、備品対策の強化

オフィスビル対策は、設計時の省エネ性能に合わせ、運用・備品対策が重要である。このため「ビルエネルギー運用管理ガイドライン」を策定し、積極的、効率的活用に取組む。

②　マンションの省エネルギー施策の検討

マンションの温熱環境性能向上を図るとともに、CO_2排出削減を一層進めるための具体策を検討する。

③　中長期的な環境負荷の抑制に向けた対策と効果の検討

オフィスビルにおけるエネルギー消費、CO_2の排出構造、要因等テナント等関係者で共有し、効果的な取組みをするため、要因ごとの省エネ対策が及ぼす中長期的な効果についてデータを整備するとともに効果の検討を継続する。

Ｖ　諸外国における取組

１．排出権取引

<内　容>

全体の排出量を抑制するために、あらかじめ国や自治体、企業などの排出主体間で排出する権利を決めて割振っておき（排出権制度）、権利を超過して排出する主体と権利を下回る主体との間でその権利の売買をすることで、全体の排出量をコントロールする仕組み

排出権取引制度を導入すると、削減しやすい国や企業は炭素クレジットを売ることで利益を得られるので、削減に対するインセンティブが生まれ、より努力して削減しようとする。このように市場原理を生かして環境負荷を低減する手法を経済的手法といい、社会全体としての削減費用が最も少ない形で温室効果ガスを削減することができると期待されている。

一方で、先進国がより少ない投資や労力で済む排出権取引を積極的に利用してしまうと、温室効果ガスを削減するための新たな技術やシステムの開発の必要性が薄れ、技術やシステムが広く普及してしまえば削減が難しくなり、結果的に温室効果ガスの削減が停滞することも考えられる。また、排出量に余裕がある国や、経済が後退している国の排出権を買い取って現在以上に排出することにより、本来減少するはずの地球全体の排出量が逆に増える可能性もあるため、排出権取引の上限値を設定する必要がある。

【EU-ETS（EU域内排出量取引制度）取引市場動向】

EU-ETS取引市場における2005年の取引量は約3.3億トン、取引金額にして約65億€（ユーロ）に上った。2006年に入り、取引量はさらに増大し、約110億トンとなっている。（【図表4-3】参照）。

※EU-ETS：欧州連合（EU）域内におけるCO_2についての、複数の国による世界最大の排出量取引制度

【図表4-3】拡大する排出権市場

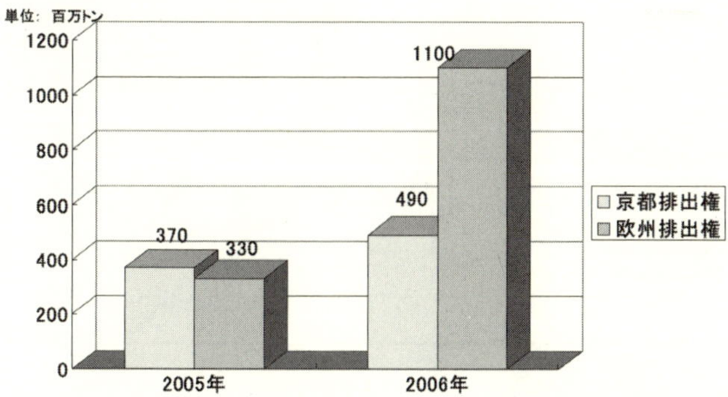

データ出典：国際協力銀行（JBIC）「排出権市場を巡る最新動向」

EU-ETS取引市場においては、２つの排出枠が取引されている。１つは第１期間（2005〜2007年）における排出枠であり、もう１つが第２期間（2008〜2012年）である。両者の取引価格は極めて対照的な推移を辿っており、第１期間の排出枠価格は、下降の一途を辿り（【図表4-4】の黒ライン）、現状においてはほぼゼロとなっている。

一方、第２期間の排出枠先物価格（【図表4-4】の赤ライン）は、2007年現在15€前後で推移している（【図表4-4】の右端の方は、可能性）。

【図表4-4】排出権価格推移（欧州排出権）

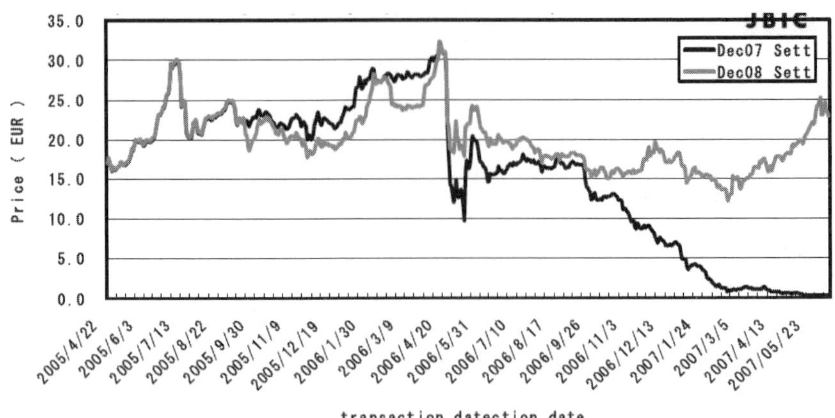

データ出典：国際協力銀行（JBIC）「排出権市場を巡る最新動向」

第１期間排出価格の下落には、2005年の秋が温暖で雨の多かったことから、産業界における排出枠の需要が低下したこと。そして、何よりも、５月にEU委員会から発表された、2005年における各国の排出量実績により、第１期間の排出枠が実際の排出量よりも過多となるという見方が強まり、「売り」が殺到し、記録的な取引量と価格の下落を招いたという背景がある。

一方、第２期間の排出枠先物価格は、2006年11月には20€程度まで上昇している。これは主に制度的な要因によるものである。EU委員会から、第２期間における排出枠が品薄になるというシグナルが明確に出され、さらに排出枠の需要が一層高まるという第２期間の価格に大きな影響を与えるコメントが公表されたことによるものである。

２．環境関連税

地球温暖化対策のためのエネルギー課税は、1990年１月１日にフィンランドにおいて世界で始めて導入された炭素税に始まる。その後に、スウェーデン、ノルウェー、デンマーク、オランダなどを中心に導入の動きが続いた。

同時期には、EU内でも欧州委員会の「CO_2エネルギー税指令案」の検討が行われたが、課税政策主権問題を巡った駆け引きや、エネルギー料金の引き上げを嫌うスペイン等と加盟国内のCO_2エネルギー税の一斉導入を主張するドイツ等との間のEU内の南北利害対立の調整が付かず、数次にわたって提案の内容が変更され、調整が続けられたが導入に至ることはなかった。同様に、総合的エネルギー課税最低税率調査提案も合意を得ることができなかった。

しかし、1990年代後半に入り、気候変動枠組条約（気候変動に関する国際連合枠組条約）・京都議定書において先進各国に対する温室効果ガス削減目標が決定されたこと等を受け、EU主要国であるドイツ、イタリア、イギリスにおいてCO_2排出抑制を目的とする「温暖化対策税」が導入された。諸外国の温暖化対策税制の概要は下記の【図表4-5】のとおりである（「温暖化対策税制とこれに関連する施策に関する論点についての取りまとめ」2004年12月　中央環境審議会総合政策・地球環境合同部会施策総合企画小委員会より出典）。

【図表4-5】拡大する排出権市場

諸外国の温暖化対策税制の概要（2004年8月版・暫定版）

<table>
<tr><th colspan="3"></th><th colspan="2">フィンランド</th><th colspan="2">スウェーデン</th><th colspan="2">ノルウェー</th></tr>
<tr><td colspan="3">導入の経緯
（下線部は当該国の温暖化対策税制に該当すると考えられるもの）</td><td colspan="2">・1990年：炭素税[additional duty]を導入。課税標準は炭素含有量。
・1994年：課税標準を炭素／エネルギー含有量(75／25)に変更。
・1997 年：課税標準を再び炭素含有量に変更。また、発電用燃料に関する炭素税を非課税とするとともに、電気消費税[output tax on electricity]を導入（課税段階の変更）。</td><td colspan="2">・1991年：大規模な税制改革において、所得税の大幅減税を伴って炭素税[carbon dioxide tax]を導入。課税標準は炭素含有量。
・2001年：新たなグリーン税制改革の一環として炭素税を増税し、既存のエネルギー税を減税（政府予算2000年12月時点）。</td><td colspan="2">・1991年：炭素税[CO_2-tax]の導入。課税標準は炭素含有量に依存しない。
・1992～93年：エネルギー課税体系の大幅変更。交通用及び電気を除く熱利用燃料の既存エネルギー税を廃止し[a]、炭素税の税率を引き上げ。
・1999年：新グリーン税制を導入。炭素税課税対象を北海油田への供給船、航空運輸、沿岸海上運輸にまで拡張[b]。
・2005年：国内排出量取引制度を導入予定。</td></tr>
<tr><td colspan="3">既存エネルギー税制との関連</td><td colspan="2">・炭素税導入に伴い、既存のエネルギー税[basic duty]は交通用燃料について軽減され、その他エネルギーについては全廃[c]。
・1997年には炭素税の税率引き上げを相殺する形で、交通用燃料への既存エネルギー税の税率引き下げが行われている。</td><td colspan="2">・炭素税導入に伴い、既存のエネルギー税[energy tax]の税率は1/2に減額（炭素税の導入とあわせると、化石燃料への課税は実質増税）。</td><td colspan="2">・炭素税導入に際し、既存のエネルギー税[Excise on petrol, Autodiesel tax, Tax on heating oil (mineral oil), Tax on consumption of electricity]の中には税率が引き上げられたものもあった。</td></tr>
<tr><td rowspan="12">主な課税対象と税率[d]</td><td colspan="2" rowspan="2"></td><td colspan="2">・炭素税[additional duty]の主な課税対象：下表のガソリン～重油、灯油～天然ガスに該当。
・電気消費税[output tax on electricity]の課税対象：電気。
・既存のエネルギー税[basic duty]の主な課税対象：下表のガソリン～軽油及び灯油に該当。</td><td colspan="2">・炭素税[carbon dioxide tax]の主な課税対象：下表のガソリン～天然ガスに該当。
・既存のエネルギー税[energy tax]の主な課税対象：下表のガソリン～電気に該当。
・1995年より、炭素税、エネルギー税ともに、税率をインフレ率に従って自動的に上昇させる仕組みを導入。</td><td colspan="2">・炭素税[CO_2-tax]の主な課税対象：下表のガソリン、ディーゼル/軽油、軽油、重油、灯油、石炭、天然ガスに該当。
・既存のエネルギー税[Excise on petrol]の主な課税対象：下表のガソリンに該当。
・既存のエネルギー税[Autodiesel tax]の主な課税対象：下表のディーゼル/軽油（交通用）に該当。
・既存のエネルギー税[Tax on heating oil (mineral oil).]の主な課税対象：下表の軽油～重油、灯油に該当。
・既存のエネルギー税[Tax on consumption of electricity]の課税対象：電気。2004年7月に電力税制が改正されている。
・炭素税の税率は毎年の予算案で審議される。</td></tr>
<tr><td>温暖化対策税制
[additional duty、output tax on electricity]</td><td>既存エネルギー税制
[basic duty]</td><td>温暖化対策税制
[carbon dioxide tax]</td><td>既存エネルギー税制
[energy tax]</td><td>温暖化対策税制
[CO_2-tax]</td><td>既存エネルギー税制
[Excise on petrol、Autodiesel tax、Tax on heating oil (mineral oil)、Tax on consumption of electricity]</td></tr>
<tr><td rowspan="3">交通用</td><td>ガソリン（無鉛）</td><td>40.2 EUR/kl
5.33 千 円/kl</td><td>520 EUR/kl
69.0 千 円/kl</td><td>860 SKR/kl
12.5 千 円/kl</td><td>3,640 SKR/kl
52.78 千 円/kl</td><td>760 NKR/kl
11.83 千 円/kl</td><td>4,340 NKR/kl
67.53 千 円/kl</td></tr>
<tr><td>ディーゼル/軽油</td><td>45.2 EUR/kl
6.00 千 円/kl</td><td>280 EUR/kl
37.2 千 円/kl</td><td>1,058 SKR/kl
15.34 千 円/kl</td><td>2,090 SKR/kl
30.31 千 円/kl</td><td>510 NKR/kl
7.94 千 円/kl</td><td>3,740 NKR/kl
58.19 千 円/kl</td></tr>
<tr><td>航空機燃料(ケロシン)</td><td>45.2 EUR/kl
6.00 千 円/kl</td><td>280 EUR/kl
37.2 千 円/kl</td><td>1,058 SKR/kl
15.34 千 円/kl</td><td>2,090 SKR/kl
30.31 千 円/kl</td><td>[f]</td><td>[f]</td></tr>
<tr><td rowspan="7">その他</td><td>軽油</td><td>45.4 EUR/kl
6.02 千 円/kl</td><td>18.3 EUR/kl
2.43 千 円/kl</td><td>1,058 SKR/kl
15.34 千 円/kl</td><td>743 SKR/kl
10.8 千 円/kl</td><td>510 NKR/kl[h]
7.94 千 円/kl</td><td>190 NKR/kl[h]
2.96 千 円/kl</td></tr>
<tr><td>重油</td><td>54.0 EUR/t
7.16 千 円/t</td><td>—</td><td>1,120 SKR/t
16.24 千 円/kl</td><td>787 SKR/t
11.4 千 円/t</td><td>510 NKR/kl[h]
7.94 千 円/kl</td><td>190 NKR/kl
2.96 千 円/kl</td></tr>
<tr><td>LPG</td><td>—</td><td>—</td><td>1,112 SKR/t
16.12 千 円/t</td><td>145 SKR/t
2.10 千 円/t</td><td>[f]</td><td>[f]</td></tr>
<tr><td>灯油</td><td>45.4 EUR/kl
6.02 千 円/kl</td><td>18.3 EUR/kl
2.43 千 円/kl</td><td>1,058 SKR/kl
15.34 千 円/kl</td><td>743 SKR/kl
10.8 千 円/kl</td><td>510 NKR/kl[h]
7.94 千 円/kl</td><td>190 NKR/kl[h]
2.96 千 円/kl</td></tr>
<tr><td>石炭</td><td>41.4 EUR/t
5.49 千 円/t</td><td>—</td><td>920 SKR/t
13.34 千 円/t</td><td>316 SKR/t
4.58 千 円/t</td><td>500 NKR/t
7.78 千 円/t</td><td>—</td></tr>
<tr><td>天然ガス</td><td>0.0173 EUR/m^3
2.30 円/m^3</td><td>—</td><td>0.792 SKR/m^3
11.5 円/m^3</td><td>0.241 SKR/ m^3
3.49 円/ m^3</td><td>0.76 NKR/m^3
11.8 円/m^3</td><td>—</td></tr>
<tr><td>電気</td><td>0.00690 EUR/kWh[k]
0.915 円/kWh</td><td>—</td><td>—</td><td>0.139 SKR/kWh
2.02 円/kWh</td><td>—</td><td>0.0856 NKR/kWh
1.33 円/kWh</td></tr>
</table>

デンマーク	オランダ 一般燃料税	オランダ エネルギー規制税
・1992年：炭素税[CO_2-tax]を導入。課税標準は炭素含有量。導入当初、産業部門は非課税。 ・1993年：産業部門に対して、50%の還付の炭素税が導入 ・1996年：天然ガスに炭素税が導入。これまでのエネルギー多消費産業に対する特別な還付措置に替わり、産業部門の工程別（重工程、軽工程、室内暖房）及び、エネルギー効率改善に関する政府との協定の有無により実質的に異なる税率が適用される新制度を導入。 ・1998年：ガソリンに対する既存エネルギー税の増税など	・1988年：既存の四種類の環境課徴金を一般燃料税［general fuel charge、後のgeneral fuel tax]として統合。 ・1990年：一般燃料税[general fuel charge、後のgeneral fuel tax]の課税標準の一部として炭素含有量を導入。 ・1992年：一般燃料税の課税標準を炭素／エネルギー要素に変更。課徴金[general fuel charge]から税[general fuel tax]への形態の変更に伴い、収入は一般財源に移行。	・1996年：小規模エネルギー消費者を対象としたエネルギー規制税[regulatory energy tax]を導入。課税標準は炭素／エネルギー要素に依存。
・炭素税導入に際し、既存のエネルギー税[energy tax]の税率を引き下げ。また、導入当時すでに高率のエネルギー税が課されていたガソリンは炭素税の課税対象外とされた。	一般燃料税及びエネルギー規制税導入に際して、既存のエネルギー税[Excises]の調整は行われていない。	

デンマーク		オランダ		
・炭素税[CO_2-tax]の主な課税対象：下表のディーゼル/軽油～電気に該当。 ・既存のエネルギー税[energy tax]の主な課税対象：下表のガソリン～電気に該当。		・一般燃料税[general fuel tax]の主な課税対象：下表のガソリン～天然ガスに該当。	・エネルギー規制税[regulatory energy tax]の主な課税対象：軽油、LPG、灯油、天然ガス、電気に該当。 ・小規模エネルギー消費者が課税対象のため、エネルギー種類毎に年間消費量の上限が設定されている[e]。また交通部門は課税対象外。	・既存のエネルギー税[Excises]の主な課税対象：下表のガソリン～重油及び灯油に該当。
		温暖化対策税制		
温暖化対策税制 [CO_2-tax]	既存エネルギー税制 [energy tax]	一般燃料税 [general fuel tax]	エネルギー規制税 [regulatory energy tax]	既存エネルギー税制 [Excises]
–	3,870 DKR/kl 68.50 千 円/kl	11.83 EUR/kl 1.554 千 円/kl	–	579.9 EUR/kl 76.19 千 円/kl
270 DKR/kl 4.78 千 円/kl	2,580 DKR/kl 45.67 千 円/kl	13.05 EUR/kl 1.715 千 円/kl	–	333.8 EUR/kl 43.86 千 円/kl
270 DKR/kl 4.78 千 円/kl	2,120 DKR/kl 37.52 千 円/kl	12.74 EUR/kl 1.674 千 円/kl	–	333.8 EUR/kl 43.86 千 円/kl
270 DKR/kl 4.78 千 円/kl	1,730 DKR/kl 30.62 千 円/kl	13.05 EUR/kl 1.715 千 円/kl	154.04 EUR/kl 20.24 千 円/kl	46.56 EUR/kl 6.118 千 円/kl
320 DKR/t 5.66 千 円/t	1,950 DKR/t 34.52 千 円/t	15.23 EUR/t 2.001 千 円/t	–	15.54 EUR/t 2.042 千 円/t
300 DKR/t 5.31 千 円/t	2,220 DKR/t 39.29 千 円/t	15.58 EUR/t 2.047 千 円/t	182.38 EUR/kl 23.96 千 円/kl	–
270 DKR/kl 4.78 千 円/kl	1,730 DKR/kl 30.62 千 円/kl	12.96 EUR/kl 1.703 千 円/kl	152.77 EUR/kl 20.07 千 円/kl	46.56 EUR/kl 6.118 千 円/kl
242 DKR/t 4.28 千 円/t	1,183 DKR/t 20.94 千 円/t	11.02 EUR/t 1.448 千 円/t	–	–
0.22 DKR/m^3 3.89 円/m^3	0.38 DKR/m^3 6.73 円/m^3	0.0102 EUR/m^3[j] 1.34 円/m^3	0.1429 EUR/m^3 18.78 円/m^3	–
0.1 DKR/kWh 1.77 円/kWh	0.43 DKR/kWh 7.52 円/kWh	–	0.0654 EUR/kWh 8.59 円/kWh	–

	フィンランド	スウェーデン	ノルウェー
課税段階	・既存のエネルギー税の徴税システムを活用。 **納税義務者** ・炭素税：卸売段階で課税。ただし天然ガスについてのみ輸入段階で課税 ・電気消費税：電力供給網運営者、電気事業者等	・国の徴税機関（National Tax Board : NTB）による既存エネルギー税の徴税システムを活用。 **納税義務者** ・EU鉱油体系指令の対象燃料（ガソリン、ディーゼル、ケロセン、LPG、潤滑油・グリースを除く暖房用及びその他の石油製品など）：卸売者または製造者。 ・その他の燃料（天然ガス、石炭、ピートなど）：燃料を製造及び加工する者。卸売者も該当。天然ガスについては輸入者も該当。ピートについては採掘者も該当。	・既存エネルギー税の徴税システムを活用。 **納税義務者** ・石油の生産者び製品の輸入者。なお、これは国内に存在する6-8社存在する石油販売業者のことである（上流課税）。それぞれの国内への供給量に応じて課税。また、石油採掘業者は、自信の自家消費分については自ら納税する。
主な減免措置	**特定の燃料に対する措置** ・天然ガスには50%の軽減税率を適用、ピートには17%の軽減税率を適用。 **産業部門に対する措置** ・鉱業、製造業[industrial manufacturing and processing of goods]、温室園芸業には電力消費税を軽減。 **用途による減免措置** ・原料用燃料は免税。 ・発電用燃料は免税。 **環境配慮に対する措置** ・CHP（熱電併給、コージェネレーション）、風力及び木材燃料等による発電には還付措置あり。 ・鉄道で消費される電気は免税。	**産業部門に対する措置** ・課税額が一定額を超過する場合に超過分について軽減。 ・製造業、農林業、養殖業へ熱を供給する熱供給事業者は一部払戻。 **用途による減免措置** ・金属業加工過程、鉱物油、石炭、石油コークス、セメント、褐炭、ガラスなどの生産過程で用いられるものに対する減免。 ・発電用燃料は減免税。 **環境配慮に対する措置** ・環境配慮型プロジェクトで使用される燃料は減免・免除措置があり得る。	**産業部門に対する措置** ・国際航空業は免税、国内航空業には軽減措置。 ・遠洋漁業、近海漁業、国際海運業は非課税、国内海運業には軽減措置。 ・紙・パルプ産業、魚肉加工業への軽減措置。 ・供給船［supply fleet］への軽減措置。 ・輸出用燃料は免税。 **用途による減免措置** ・セメント製造業・工業プロセスで使用される石炭及びコークスは免税。 **環境配慮に対する措置** ・鉄道は免税。 **その他** ・本土消費の天然ガスは免税。 ・美術館・博物館で使用する燃料は免税。
税収の使途	・一般財源（所得税減税の原資として活用。）	・一般財源（所得税等の減収分に活用。）	・一般財源
効果	・フィンランド総理府[Prime Minister's Office]作成の報告書（2000年4月）では、1990年代のエネルギーに係る税制の変化に伴う効果を次の通り評価している。 ・1998年時点でのCO_2排出量の削減効果は、約4百万tCO_2と推計（総排出量57百万tCO_2の7%に相当）。内訳は、最終消費部門におけるエネルギー製品消費の減少分と、エネルギー転換部門における燃料消費の減少分が半々程度。最終消費部門においては、ガソリン消費量の減少分（約1百万tCO_2）と、産業部門におけるエネルギー消費構造の変化分（約1百万tCO_2）が大きいと考えられた。	・スウェーデン自然保護庁[The Environmental Protection Agency]の報告書（1995年10月）では、炭素税によるCO_2排出量の削減効果を次の通り評価している。 ・1987～1994年にかけて、地域暖房、産業、住宅、業務部門でCO_2排出量が平均19%（8百万 tCO_2）減少。この削減量のうち約60%が炭素税の導入によるもの。特に地域暖房部門が炭素税の影響を大きく受けており（同時期28%、2.6百万 tCO_2減少）、使用燃料の内訳が変化している。 ・また、自然保護庁の報告書（1997年7月）においてもエネルギーに関する税課徴金の効果について、CO_2税が既存エネルギー税とともに、地域暖房部門におけるバイオ燃料の消費量を増大させたと評価している。	・ノルウェー統計局[The Bureau of Central Statistics]は炭素税によるCO_2排出量の削減効果を次の通り評価している（ただし、評価の対象範囲がCO_2排出量全体の2割程度であることに留意する必要がある）。 ・1991～1993年におけるCO_2排出量は、炭素税により毎年3～4%削減と推計（年間排出量にして0.3百万tCO_2の抑制に相当）。 ・ノルウェー統計局が、2002年12月に行った価格弾性値の推定及び応用一般均衡モデルを用いた事後評価では、1999年の実際の排出量とCO2税を導入しなかったと仮定した場合の排出量の差を2.3%と評価した。 ・第3次国別報告書では、CO2税による排出削減効果を2005年時点で2.6百万t-Cと想定している。
付加価値税の徴収方法	インボイス方式	インボイス方式	インボイス方式

デンマーク	オランダ	
・国内でエネルギーが消費される段階で課税。 納税義務者 ・燃料販売者や流通業者	・既存のエネルギー税の徴税システムを活用。 納税義務者 ・鉱物油：既存のエネルギー税の納税義務者（既存のエネルギー税とともに徴収） ・石炭・ガス：燃料販売者、最終消費者[i]	納税義務者 ・電力及びガス：最終消費者にエネルギーを供給する企業 ・鉱物油：既存のエネルギー税の納税義務者
産業部門に対する措置 ・産業部門には軽・重工程の違いとエネルギー効率改善に関する政府との協定の有無により異なる税率を適用[iii]。税率は1996～2000年まで段階的に上昇。 **用途による減免措置** ・転換部門の石炭消費は免税。 ・発電用燃料は免税。 ・公共交通洋の一部燃料(ultra-light diesel, gas)は免税。 ・漁業船舶用は免税。	**産業部門に対する措置** ・天然ガスの大量消費者はエネルギー要素分について軽減税率を適用。	**産業部門に対する措置** ・温室園芸業で用いる天然ガスは免税（別途、エネルギー効率改善に関する協定を政府と締結済み）。 **環境配慮に関する事項** ・地域熱供給、発電用の天然ガス、再生可能エネルギーによる発電は非課税。 **規模による措置** ・天然ガス、電力消費は、課税対象の下限を設定（これらのエネルギーは消費量をゼロにすることができないため。小規模エネルギー消費者のそれぞれ6%、5～10%がこの措置により課税対象外として配慮するもの）。
・一般財源（産業部門からの税収は、雇用者の社会保険負担の軽減、中小業用補助金、省エネ投資補助等として産業部門に還元）	・一般財源	・他の税の軽減や省エネ等に対する財政的措置を通じて、課税対象部門（家庭及びビジネス）にそれぞれの納税額に応じて還元。
・省庁横断的な委員会は、1995年に導入されたエネルギー政策パッケージ、並びに1998年の同パッケージ改正の効果について次の通り評価している。 ・CO_2税の効果は、最近20年間のデータから推定された商工業のエネルギー需要を用いたマクロ経済モデルを用いて求められた。このエネルギー需要は、生産量、エネルギー価格、技術進歩に従属するものである。2005年のCO2排出削減効果は3.8%（230万t）とし、そのうち税制の効果は2.0%（120万t）、補助金の効果は1.2%（70万t）、協定の効果は0.6%（40万t）と評価した。	・グリーンタックス委員会[The Dutch Green Tax Commission]の第2次レポートでは、一般燃料税によるCO_2排出量の削減効果を次のように評価している。 ・価格弾力性に基づくモデル計算により、仮に一般燃料税が存在しなければ1994年時点で1.7百万tのCO_2が余計に排出されていたものと推計。	・SEO研究所（アムステルダム大学経済学部を母体に設立された研究所）が、2001年に価格弾性値を用いてエネルギー規制税導入に伴う消費削減量を推定した（事後評価）。 ・民生（家庭）部門における天然ガス使用量について、1999年における実際の使用量と同税を導入しないと仮定した場合を比較すると、2.3%の減少。2001年における推定使用量を比較すると、6.3%の減少。 ・民生（家庭）部門における電気使用量の変化について、1999年における実際の使用量と同税を導入しないと仮定した場合を比較すると、6.3%の減少。2001年における推定使用量を比較すると、16%の削減。
インボイス方式	インボイス方式	

			ドイツ			イタリア		英国	
導入の経緯 （下線部は当該国の温暖化対策税制に該当すると考えられるもの）			・1999年：第1次環境税制改革を実施。既存のエネルギー税である鉱油税[mineral oil tax]に税率を上乗せするとともに、それまで課税対象となっていなかった電気に対して電気税[electricity tax]を新設。 ・2000年：第2次環境税制改革を実施。1999年の上乗せ税率を決定した第1次税制改革に続き、2000年から2003年まで鉱油税及び電気税の段階的税率引き上げを行い、2003年1月1日に暫定的目標税率に到達する。 ・2002年：「環境税制改革の更なる発展に関する法律」が成立。環境税制改革の第5段階(2003年1月1日～)を修正し、環境政策上望ましくない減免措置の整理縮小と、鉱油税の税率引き上げを目的として成立。			・1999年：1999年財政法[Financial Law for 1999]を採択。既存のエネルギー税[Excises on mineral oils]の改正が行われることとなった。改正の要点は以下の2点。 ● 気候変動に対する潜在的影響の程度を考慮に入れるため、鉱物油の炭素含有量及びその用途に基づく税率の調整を実施。2005年の完成に向けて1999年から段階的に税率引き上げ。 ● 燃焼プラントで用いられる石炭、石油コークス、天然ビチュメン[u]を既存のエネルギー税の課税対象に追加。 ・なお、同税は1999年11月に一次凍結されたが、2000年6月に再導入。		・1998年：排出量取引のパイロット調査と産業及び商業のエネルギー消費に対する税の導入を提案した「マーシャルレポート"Economic Instruments and the Business Use of Energy"」を発表。[o] ・1999年 ：政府予算案の中で、2001年4月から産業及び商業のエネルギー消費に対する税（気候変動税［Climate Change Levy］）の導入が盛り込まれ、2001年 4月より課税を実施。	
既存エネルギー税制との関連			・ドイツの温暖化対策税制は、既存のエネルギー税である鉱油税[mineral oil tax]の税率引き上げと電気税の新設により導入された。			・イタリアの温暖化対策税制は、既存のエネルギー税[Excises on mineral oils]の税率設定の考え方に温暖化防止の視点を導入し、既存エネルギー税の税率を調整することにより導入された。		・既存エネルギー税の炭化水素油税[Hydrocarbon oil tax]がすでに課税されているガソリン等の炭化水素油及び道路交通用ガス燃料は、気候変動税の課税対象となっていない。 ・なお、炭化水素油税については、気候変動税の導入に先立つ1993年から1999年までの期間において、税率をインフレ率以上に引き上げる措置が採られた。その目的は、1992年に廃止された自動車税[Car tax]の減収分の補填と、2000年までに地球温暖化ガスの排出量を1990年レベルに引き下げること。この措置は2000年9月の石油価格上昇により凍結され、2000年以降は毎年の予算に応じて税率引き上げが判断されている。	
主な課税対象と税率[r]			・鉱油税[mineral oil tax]の主な課税対象：下表のガソリン～LPG、天然ガスに該当。 ・電気税[electricity tax]の課税対象：電気。 ・2003年まで、税率は、毎年概ね、鉱油税率については60DM/kl、電気税率については0.005DM/kWhが引き上げられる。 ・2003年1月1日の暫定的目標税率(1999年以降の鉱油税上乗分＋電気税)は、ガソリン300DM/kl、ディーゼル+300DM/kl、暖房用軽油+40DM/kl、天然ガス+0.0313DM/m^3、電気0.040DM/kWh。			・既存のエネルギー税[Excises on mineral oils]の主な課税対象：下表のガソリン～灯油、天然ガス、電気に該当。 ・2000年時点で温暖化対策税制として税率引き上げ済と考えられるのはガソリンのみ[t]		・気候変動税［Climate Change Levy］の主な課税対象：下表のLPG、石炭、天然ガス、電気に該当。 ・炭化水素油税[Hydrocarbon oil tax]の主な課税対象：下表のガソリン～重油、灯油に該当。 ・気候変動税は産業及び商業のエネルギー消費がその対象であり、交通部門及び家庭部門は課税対象外。その他、登録された慈善活動や非常に小さな規模の企業も課税対象外。	
			温暖化対策税制		既存エネルギー税制	温暖化対策税制	既存エネルギー税制	温暖化対策税制	既存エネルギー税制
			[electricity tax]	[1999年以降の mineral oil tax 上乗分]	[1998年までの mineral oil tax]	[Excises on mineral oils の1999年以降の引き上げ分]	[1998年までの Excises on mineral oils]	[Climate Change Levy [p]]	[Hydrocarbon oil tax [q]]
	交通用	ガソリン（無鉛）	−	153.40 EUR/kl 20.16 千 円/kl	501 EUR/kl 65.84 千 円/kl	20.1 EUR/kl 267 円/kl	527.8 EUR/kl 70.03 千 円/kl	−	488.2 UK £/kl 96.18 千 円/kl
		ディーゼル/軽油	−	153.40 EUR/kl 20.16 千 円/kl	317 EUR/kl 41.65 千 円/kl	[v]	385.8 EUR/kl 51.18 千 円/kl	−	478.2 UK £/kl 94.21 千 円/kl
		航空機燃料(ケロシン)	−	−	501 EUR/kl 65.84 千 円/kl	[v]	323.3 EUR/kl 42.89 千 円/kl	−	546.8 UK £/kl 107.7 千 円/kl
	その他	軽油	−	20.5 EUR/kl[w] 2.69 千 円/kl	40.9 EUR/kl 5.37 千 円/kl	[v]	115.7 EUR/klw 15.35 千 円/kl	−	31.3 UK £/kl 6.17 千 円/kl
		重油	−	9.70 EUR/t 1.27 千 円/kl	15.3 EUR/t 2.01 千 円/t	[v]	46.5 EUR/t 6.17 千 円/t	−	27.8 UK £/t 5.48 千 円/t
		LPG	−	35.06 EUR/t 4.61 千 円/t	25.6 EUR/t 3.36 千 円/t	[v]	185.4EUR/kl[x] 24.60 千 円/kl	9.6 UK £/t 1.89 千 円/t	−
		灯油	−	20.5 EUR/kl[y] 2.69 千 円/kl	40.9 EUR/kl 5.37 千 円/kl	[v]	323.3 EUR/kl[x] 42.89 千 円/kl	−	31.3 UK £/kl 6.17 千 円/kl
		石炭	−	−	−	[v]	−	11.7 UK £/t 2.30 千 円/t	−
		天然ガス	−	0.0037 EUR/kWh 0.49 円/kWh	0.00 EUR/kWh 0.24 円/kWh	[v]	0.0015 EUR/m^3 0.21 円/ m^3	0.0015 UK £/kWh 0.30 円/kWh	−
		電気	0.0205 EUR/kWh 2.69 円/kWh	−	−	[v]	0.0021 EUR/kWh[z] 0.28 円/kWh	0.0043 UK £/kWh 0.85 円/kWh	−

スイス		フランス	
・2000年：「CO_2削減連邦法[Federal Law on the reduction of CO_2 emissions (CO_2 law)]」が施行。まずエネルギー・交通・環境・財政政策及び自主的取組を行い、それらの取組だけで削減目標達成が困難な場合に新たにCO_2税[CO_2 tax]を導入。課税標準は炭素含有量。CO_2税の導入は早くても2004年。		・1999年1月：既存の環境汚染に対する課税を再編成した汚染活動一般税（TGAP [taxe générale sur les activités polluantes] [p]）を創設。 ・1999年5月：TGAPの課税対象を2001年1月から企業による化石燃料及び電力の消費にまで拡張する方針を表明。 ・2000年9月：2000年第2次補正予算法案にTGAPの改正を盛り込む。 ・2000年12月10日：政府案が議会を通過。 ・2000年12月29日：憲法院より違憲判決。[q]	
		・フランスの温暖化対策税制は、既存の環境税である汚染活動一般税（TGAP）の課税対象を企業による化石燃料及び電力の消費にまで拡張するものとして導入が予定されていた。	
・CO_2税[CO_2 tax]の主な課税対象：鉱物油税の課税対象と同じ（CO_2 税の課税対象について、鉱物油税法第2条で規定される石炭・暖房用油・交通用燃料が、エネルギー利用として販売される場合に適用すると定義） ・鉱物油税[mineral oil tax]の主な課税対象：下表のガソリン、ディーゼル/軽油、軽油、重油、石炭、天然ガスに該当。 ・CO_2削減連邦法によれば、CO_2税の税率は210SF/tCO_2(17,949円)を上限とする範囲で決められる。		・既存エネルギー税[excise tax]の主な課税対象：下表のガソリン～灯油、電気に該当。 ・温暖化対策税制（TGAPの拡張分）は企業による化石燃料及び電力の消費が課税対象。農林漁業及び交通部門は課税対象外。	
温暖化対策税制 [CO_2 tax]	既存エネルギー税制 [mineral oil tax]	温暖化対策税制 [TGAP の拡張分]	既存エネルギー税制 [excise tax]
（2004 年以降の導入を検討中）	727.2 SF/kl 62.15 千 円/kl	（2000 年 12 月の憲法院による違憲判決を踏まえ、温暖化対策税制の見直しを検討中）	586.3 EUR/kl 77.79 千 円/kl
	758.7 SF/kl 64.84 千 円/kl		389.0 EUR/kl 51.61 千 円/kl
	v		323.6 EUR/kl 42.93 千 円/kl
	3 SF/kl 256 円/kl		78.9 EUR/kl 10.46 千 円/kl
	3.6 SF/t 308 円/t		23.2 EUR/t 3.08 千 円/t
	v		39.4 EUR/tw 5.23 千 円/t
	v		22.2 EUR/klw 2.95 千 円/kl
	0.9 SF/t 77 円/t		–
	0.00016 SF/m^3 0.014 円/m^3		–
	v		税抜価格の 8.5%

	ドイツ	イタリア	英国
課税段階	納税義務者 ・ 鉱油税：納税義務者は主に石油供給企業 ・ 電力税：納税義務は、電気が電気供給事業者から国内の最終消費者に買い取られる際に発生。実際の納税者は電気供給事業者		納税義務者 ・ 電力供給企業等のエネルギー供給事業者が最終消費者から料金と併せて徴収し納税。VATと同様の徴税システム。 ・ 下記の80%の軽減を受ける消費者は、供給事業者に、環境政策当局が発行した証明書を示した上で軽減後の額を請求させる形でこれを支払う（行政コストを低減でき、軽減対象の確認も容易であるため）。
主な 減免措置	産業部門に対する措置 ・ 零細製造業、農林業に対する軽減措置（環境税［鉱油税の引き上げ分と電気税］の税率が通常の60%にまで引き下げられる）。 ・ 2MWまでの自家発電について電気税が非課税。 ・ 製造業に対しては、環境税制改革に伴う電気税・鉱油税の負担額が年金保険料の引き下げ分を超えた場合は、その超過分の95%を還付。 環境配慮に対する措置 ・ 月間稼働率70%を超えるCHP（熱電併給、コージェネレーション）は、鉱油税が非課税。 ・ 1999年12月31日以降に設置された高効率複合サイクルガスタービン発電は、鉱油税を10年間免除。 ・ 再生可能エネルギー発電による電気は電気税が免税。 ・ トロリーバスによる輸送または鉄道で消費される電気は50%の軽減税率適用（電気税）。公共交通機関で消費される燃料油に対する軽減措置（鉱油税引き上げ分について軽減）。 用途による減免措置 ・ 製造業者、農林業者、公益事業者等の発電用燃料は鉱油税引き上げ分が免除。 低所得者層への配慮 ・ 夜間蓄熱式暖房（低所得者層での使用が多い）については電気税に関して60%の軽減税率適用（2006年末まで）。		産業部門に対する措置 ・ 統合汚染管理規制（IPCC）の対象施設を設置する事業者を有する業界団体は、政府と二酸化炭素排出削減目標等を盛り込んだ気候変動協定を締結することにより、気候変動税を20%に軽減される。協定を締結したのは、主要な10のエネルギー集約産業（アルミ、セメント、セラミック、化学、食品飲料、鋳造、ガラス、非鉄金属、製紙、鉄鋼）を含む44業界団体。気候変動協定を締結した業界団体は、協定上の目標を達成するため、排出量取引を活用することが可能。 環境配慮に対する措置 ・ 再生可能資源により発電された電気は免税。 ・ 高効率CHP（熱電併給、コージェネレーション）発電及び公共交通機関へのエネルギー供給は免税。 地域的な配慮 ・ パイプライン計画が進行中の北アイルランドにおける天然ガス消費は5年間免税。 用途による減免措置 ・ 発電用燃料は免税。 ・ 原料として用いられる場合（鉄鋼業における石炭消費なども含む）は免税。 ・ アルミ精錬等の電気分解工程で消費される電気は免税。
税収の使途	・ 税収のうち90%弱を雇用者、被雇用者両方の年金保険料負担の軽減に用いる。 ・ 残りは、KfW（復興金融公庫）CO2建物改築プログラム、旧式夜間蓄熱式暖房の段階的廃止、再生可能エネルギーの普及等環境対策に使用している。	・ 一般財源（社会負担の軽減［60.5%］、補償対策［31.1%］、エネルギー消費効率の改善［8.4%］のために活用。）	・ 税収の大半は、雇用者の国民保険負担額の引き下げ（0.3%）により産業部門に還元。 ・ Carbon Trust（2001年4月に政府により設立された独立の非営利企業。約50百万ポンド/年間の資金規模のうち約3分の2が気候変動税の税収。）等がエネルギー効率対策事業を実施。 ・ 省エネ投資に対する資本控除拡大制度実施の財源に充当（2001～2002年に70百万ポンド）。
効果	・ 2001年6月にドイツ連邦環境・自然保護・原子力安全省から公表された報告書によれば、エコロジカル税制改革による温室効果ガス排出削減効果を次の通り評価している。 ・ ドイツにおける温室効果ガスの排出削減のうち、エコロジカル税制改革による分は7.0百万 tCO_2（全体の削減量は240.3百万 tCO_2）。 ・ 第3次国別報告書では、環境税制改革による排出削減効果を2005年時点において1,000万t-CO2（1990年CO2排出量の0.99%）、同じく2010年では2,000万t-CO2（1990年CO2排出量の1.97%）と想定している。		・ 英国は「気候変動プログラム」において、国内の各種施策による2010年における効果の見通しを示している。この中で、「気候変動税」による効果は7.3百万tCO_2、「炭化水素油税」率の1999年までのエスカレーターによる効果は3.7～9.2百万tCO_2とされている。 ・ 英国政府（環境・食料・農村地域省）が、2003年4月に公表した「気候変動協定制度(CCA)」に関する評価では、2000から2001年にかけて44の産業部門と結んだCCAに関して、対象施設の88%において2002年の排出削減目標を達成し、エネルギー効率向上において実際的な効果があったとしている。具体的には、例えばエネルギー消費量が大きい業界の代表ともいえる化学業界では、エネルギー効率が1998年と比較して14.5%改善している。また、CCAで規制されている企業は約5,000社存在するが、これらの企業からの2002年度の総排出削減量は1,350万tに上り、政府目標の3倍に達するものであった。なお、ＣＣＡ目標を達成した対象施設が受ける気候変動税の税控除額は約3億ポンド（603億円）に相当する。
付加価値税の 徴収方法	インボイス方式	インボイス方式	インボイス方式

スイス	フランス
・ CO_2削減連邦法によればCO_2税の納税義務者は以下の通り。なお、石炭以外の化石燃料については既存のエネルギー税である鉱物油税の徴税・還付手続が適用され、税関において鉱物油税とともに徴収される。また、石炭についても、現状においてすべて輸入されていることから、税関で課されることになる。 納税義務者（CO_2削減連邦法第８条） ・ 石炭：関税法における輸入品に関する支払義務のある者及び国内の製造者 ・ その他化石燃料：鉱物油税法における鉱物油税の納税義務者	・ 年間のエネルギー消費量が石油換算100t以上の企業が納税義務者。 ・ 全仏約280万社のうち、約4.4万社を課税対象と予定。
産業部門に対する措置 ・ 暖房用油及び交通用燃料の大量消費者や国際競争力に大きな影響を受けるおそれのある者は、CO_2排出量の上限を定める公式の覚書を連邦政府と取り交わすことによりCO_2税が非課税となる。 ・ 削減協定の内容が達成できなかった場合は、CO_2税の税額に利息を加えて支払う。	**産業部門に対する措置** ・ 付加価値100万フラン(15.2万EUR)当たりのエネルギー消費量が石油換算25万トン以上の企業や自主協定を結ぶ企業に対し、税を軽減する措置が検討された。
・ 税収はその支払額に応じて国民と経済界に還元。 ・ 国民への還元は、連邦議会がその手続きを所管する。すべての自然人の間で等分される。 ・ 経済界への還元は、連邦高齢者遺族保険資金に税収を充当し、社会保障費を軽減することにより実施。	・ 35時間労働制導入の財源への充当を予定。
インボイス方式	インボイス方式

【注】

a　重油等についてはその後、再び既存エネルギー税の課税対象に追加されている。

b　政府提案ではこれらの他、プロセス産業にまで拡張する内容が盛り込まれていたが、採択されなかった。代わりに、国内排出量取引制度の導入が検討されることとなった。

c　軽油等についてはその後、再び既存エネルギー税の課税対象に追加されている。

d　欧州連合作成のDatabase on environmental taxes in the European Union Member States, plus Norway and Switzerland（http://www.europa.eu.int/comm/environment/enveco/env_database/database.htm）による。ノルウェー、デンマーク、オランダ、ドイツ及び英国における温暖化対策税相当税については、2004年３月時点の情報であるが、その他は特に断りのない限り2000年６月現在の税率。また、換算レートとしては、先にあげたノルウェー、デンマーク、オランダ、ドイツ及び英国については、2004年３月23日現在の換算レート（1NKR（ノルウェークローネ）＝15.56円、1DKR（デンマーククローネ）＝17.70円、1EUR＝131.39円、並びに1UK£（英ポンド）＝197.00円。）を用いているが、その他の国については2003年７月14日現在の換算レート（1SKR（スウェーデンクローネ）＝14.5円、及び1EUR＝132.67円。）を用いている。

e　導入当初、電力の課税対象者は低アンペア契約者に限定されていたが1997年に全アンペア契約者に拡張された経緯がある。なお、その際の追加税収は省エネ・再生可能エネルギー投資の投資税額控除の財源に充当された。

f　Database on environmental taxes in the European Union Member States, plus Norway and Switzerland（http://www.europa.eu.int/comm/environment/enveco/env_database/database.htm）において該当する税率が報告されておらず、課税対象かどうか確認できていない。

h　mineral oilに対する税率が決められている。軽油・重油・灯油などが該当するものと想定した。

j　天然ガスについては、0～5,000m３／年の消費量区分の税率である。

k　カテゴリー１（家庭・サービス）に対する税率

l　石炭：石炭を採取、生産、輸入し、燃料として自ら消費する者、又は国内での燃料としての消費のために他者に提供する者。ガス：ガスを採取、生産、輸入し、燃料として自ら消費する者、採取者から引き取り燃料として自ら消費する者、又はガスを生産、輸入し、国内での燃料としての消費のために他者に提供する者。

m　導入当初産業部門は非課税とされていたが、1993年に50％の軽減税率（エネルギー多消費産業には35％）で課税が開始された。工程別及び協定の有無別の税率設定措置は1996年に導入された。

n　炭化水素からなる化合物の一般的総称。普通、天然アスファルト、コールタール、石油アスファルト、ピッチなどという。道路舗装用材料、防水剤、防腐剤などに用いる。

o　マーシャル卿は、当時英国産業連盟会長。財務省からの依頼でタスクフオースを設けて、新しい政策を検討し、上記提言を行う。この提言が現在の英国の気候変動税及び気候変動協定並びに排出量取引制度の土台となっている。

p　SOXなどの排出量について課税されている。

q　税の制度設計上の問題で、税の考え方そのものが違憲とされたものではない。

s　2000年のEUデータベースで確認できる範囲。イタリアでは、温暖化対策税制として、1999年に既存のエネルギー税の税率引き上げが開始されたが、同年11月には燃料価格の高騰を理由に、2000年途中まで一時的に引き上げ分の適用が中断された。その後も運輸業などに対する軽減措置の追加導入が行われるなど、税制に関するいくつかの変更が行われている。

t　2001年４月導入時の税率

v　Database on environmental taxes in the European Union Member States, plus Norway and Switzerland（http:

//www.europa.eu.int/comm/environment/enveco/env_database/database.htm）において該当する税率が報告されておらず、課税対象かどうか確認できていない。

w　産業／商業用の値

x　暖房用の値

y　灯油については、軽油と同じ税率と想定した。

z　住居用の値

第２節　（阿部）

環境関連規制と不動産リスク

本節では、まず始めにデューデリジェンスの必要性を高めた一つの要因でもある環境リスクを述べ、次に今後の情勢と排出権取引制度を併せ将来の不動産価格に影響するコストに関してシミュレーションした。

Ⅰ　環境リスク

現在では収益不動産の価値は、その不動産が生み出すキャッシュフローで評価されているため、不動産のキャッシュフローに影響を及ぼすような土壌汚染やアスベスト、PCBなどの瑕疵があるかどうかの把握が重要になっており、取引前に不動産を詳細に調査し、その不動産が抱えるリスクや市場価値を明らかにするエンジニアリング・レポート、不動産鑑定評価書などデューデリジェンスを行うことが一般化している。さらに、不動産証券化市場の発展により、個人を含めた多くの投資家が不動産投資市場に参加するようになったこともデューデリジェンスの必要性を高めている。

今後、CO_2排出量に応じた環境コストの発生も考えられ、環境リスクとして認識される可能性が高まってくるものと考えられる。

Ⅱ　不動産リスク分析

ここでは、国内排出権取引制度が開始された場合の不動産価格に対する影響を検証する。本シミュレーションを行うにあたり、取り扱う不動産を業務用ビルに限定し、その業務用ビル１棟の延べ床面積と、CO_2排出削減単位を【図表4-6】のように想定する。

【図表4-6】シミュレーション条件

取り扱う不動産	業務用ビル
ビル１棟の延床面積	10,000 ㎡
ビル１棟の年間 CO_2 排出原単位*	110kg - CO_2／㎡・年 **

＊CO_2 排出原単位：床面積１㎡当たりの CO_2 排出量

**東京都HP：東京都環境局★省エネカルテより引用

ただし、事務所ビル CO_2 排出原単位：99kgCO_2/㎡、テナントビル CO_2 排出原単位：107kgCO_2/㎡を考慮し、本件では CO_2 排出原単位110kgCO_2/㎡としている。

http：//www2. kankyo.metro.tokyo.jp/kikaku/kikouhendouhousin/data/suteho/dai2kai/siryou4. pdf

これより、業務用ビル１棟あたりの年間 CO_2 排出量は1, 100t-CO_2／年とする。

次に、排出削減割合について考察する。京都議定書で設定された温室効果ガス削減目標として、2012年までに基準年（1990年）の６％削減しなくてはならないが、2006年度の温室効果ガス排出量は13億4, 100万t-CO_2／年（2007年度の温室効果ガス排出量は13億7, 100万t-CO_2／年となり、基準年度の総排出量を6. 4％上回っている。そのため、2012年までに2006年より実質12. 4％減らさなければならない。また、既に、2008年７月の主要国首脳会議（北海道洞爺湖サミット）では2050年に世界の温室効果ガスを半減させることが合意された。これに先立ち、福田首相（当時）は2050年時点の日本の温室効果ガス削減目標を60～80％とする「福田ビジョン」を発表している。またポスト京都議定書の中期目標としての削減水準に関しても議論がなされている。今後はこれらの削減水準が目安となることが予想される（【図表4-7】参照）。

【図表4-7】排出量削減割合

	削減割合（基準年度比）	実質削減割合（2006 年度比）
京都議定書 2012 年時	6%	12.4%
中期目標 ポスト京都議定書以降 2013（2020）～2030	25～40%	31.4～46.4%
長期目標 2050 年時	60～80%(50%)	66.4～86.4%(56.4%)
カーボンニュートラル	90～100%	96.4～106.4%

さらに排出権価格について考察する。現在、日本では義務化されていないものの、2005年度より自主参加型国内排出量取引制度が始まった。この自主参加型国内排出量取引制度とは、温室効果ガスの費用効率的かつ確実な削減と、国内排出量取引制度に関する知見・経験の蓄積を目的として、2005年度から環境省が実施したもので、温室効果ガスの排出削減の自主的・積極的な取組を行う事業者に対し、一定量の排出削減約束と引換えに、省エネルギー・石油代替エネルギーによるCO_2排出抑制設備の整備に対する補助金を交付することにより支援するとともに、排出削減約束達成のために排出枠の取引という柔軟性措置の活用も可能とするという制度である。

2007年９月に環境省が発表した「自主参加型排出権取引制度」での排出権取引平均価格は1,212円／t-CO_2であり（最高値は2,500円、最安値は900円）、削減義務のない日本はEU（EU-ETS）の排出権取引価格（23.5€＝2,820円程度、１€＝120円換算）に比べ、割安となっている。しかし、今後の需要や取引制度の義務化に向けての動向を鑑みると、排出権取引価格は上昇するものと考えられる。なぜならば、まず、EU-ETSの排出権価格と比較してみると、削減義務のあるEU-ETSでの排出権価格は現在23.5€程度であるが、将来的に30～35€程度に上昇すると予想され（日本円にして約4,800～5,600円）、さらにEU-ETSの排出枠超過分の罰金は100€／t-CO_2（2008年以降）であるので、現段階では上限100€（日本円で12,000

円）の範囲内で上昇する可能性があるからである。

加えて、排出権価格についてCO_2吸収コストから求めてみる。電気におけるCO_2排出係数を１kWhあたり0.425kg-CO_2[1]とする。別言すれば、2,353kWhの電気量を使用するとCO_2が１t排出される。(【図表4-8】参照)。これを用い、平成19年度における新エネルギー等電気等に係る取引価格調査結果について、それら金額に2,353kWhを乗じたCO_2－１tあたりの吸収コストは以下の【図表4-9】のとおりである。

【図表4-8】電気におけるCO_2排出係数（東京電力2007年度実績より）

http：//www.tepco.co.jp/eco/kurashi/shiryou/shi-005-j.html

1kWh ＝ 0.425kg－CO_2
2,353kWh ＝ 1,000kg－CO_2

【図表4-9】平成19（2007）年度におけるRPS法下における新エネルギー等電気等に係る取引価格調査結果*とこれを踏まえたCO_2吸収コスト

	風　力	太陽光（最小）	太陽光（最大）	水　力	バイオマス
RPS 相当量＋電気（円/kWh）(a)	10.4	18.8	24.1	7.2	7.8
電気のみ(b)	3.0～4.4				
RPS 相当量（円/kWh）(a－b)	6.0～7.4	14.4～15.8	19.7～21.1	2.8～4.2	3.4～4.8
CO_2吸収コスト（1t あたり）（円／2,353kWh）	14,118～17,412	33,883～37,177	46,354～49,648	6,588～9,882	8,000～11,294

＊　（資源エネルギー庁HP　２００８年７月３１日資源エネルギー庁
省エネルギー・新エネルギー部新エネルギー等電気利用推進室
（２００８年8月22日修正））

RPS法（電気事業者による新エネルギー等の利用に関する特別措置法（2003年法律第62号））は、電気事業者に、新エネルギー等から発電される電気を一定量以上利用することを義務づけることにより、電力分野における新エネルギー等の更なる導入拡大を図ることを目的とした法律である。義務者たる電気事業者は、以下の３つのいずれかの方法により、義務を履行することになる。

①自ら新エネルギー等により発電する
②他の発電事業者から新エネルギー等で発電された電気を購入する
③他の発電事業者等から「新エネルギー等電気相当量（RPS相当量）＊＊」を購入する
＊＊新エネルギー等電気相当量：電気と分離して事業者間で取引することのできる量で義務履行のために活用できるもの。いわば新エネ分の価値に相当。

1 CO_2排出係数は電気事業者ごとに異なるが、本項では代表的な電気事業者として東京電力の公表値を用いた。

【図表4-9】によれば、今後の普及促進が見込まれる太陽光発電の場合、RPS相当量は14.4円／kWh～21.1円／kWh、1tあたりのCO_2吸収コストからみると約34,000円～50,000円という金額が想定される。

なお東京都の場合、2010年度から住宅への太陽光発電設備の設置者に対して1kWあたり10万円の補助金を交付する条件として、設置した住宅において使用された電力量に相当する環境価値を東京都環境整備公社に譲渡することとしている。同公社は譲渡を受けた環境価値をグリーン電力証書として発行し、排出量削減義務のある企業等に販売することとなっている。ここで太陽光発電1kWシステムの年間発電量を1,000kWh、[1]この半分の500kWhを自家使用したとすると、10万円の補助金に見合う環境価値の金額は、100,000円÷500kWh÷10年＝20円／kWhと、上記試算の範囲内の金額となる。また愛知県では2008年度、住宅用太陽光発電施設への支援とグリーン電力証書の活用促進を目的に、県が率先してグリーン電力証書を購入するモデル事業を実施し、20円／kWhでの環境価値買取りを進めている。これらの状況からみても、カーボン・オフセットのためのコストがCO_2 1tあたり5万円程度となる可能性を想定しうるものと考えられる。

以上の予見から、排出権価格の動向としては、現在の国内の1tあたりCO_2排出価格は1,212円であるものの、今後はEU-ETSの価格上昇見込みに沿うと5,000円前後まで上昇する可能性がある。さらにCO_2を全く排出しないカーボンニュートラルとするために、仮にCO_2を排出しない太陽光発電で全ての電力を補うとすると、1tあたりのCO_2排出価格は約34,000円～50,000円程度となる可能性を秘めていると考えられる。

以上のことを踏まえ、排出権価格動向と削減パーセンテージの関係を示した図が【図表4-10】【図表4-11】である。

[1] 1 (kW) × システム利用率0.12×365（日／年）×24（時間／日）＝1,051.2（kWh／年）（独立行政法人新エネルギー・産業技術総合開発機構ホームページ等より）

【図表4-10】排出権価格動向と削減パーセンテージ1

排出権価格動向と削減パーセンテージ　＊ ビル1件あたりの CO2 排出量 ＝　1100t-CO2/year

		排出量削減パーセンテージ(%)								
		京都議定書 2012 年時	ポスト京都（中期目標） 2020～30 年時			長期目標 2050 年時				カーボン ニュートラル
		2006 年度削減比　12.4%	31.4%	36.4%	46.4%	56.4%	66.4%	76.4%	86.4%	106.4%
		基準年度比　6%減	25%減	30%減	40%減	50%減	60%減	70%減	80%減	100%減
排出権価格（円/t,CO2）	¥1,212（現時点）	170,000	420,000	490,000	620,000	750,000	890,000	1,020,000	1,150,000	1,420,000
	¥2,000	270,000	690,000	800,000	1,020,000	1,240,000	1,460,000	1,680,000	1,900,000	2,340,000
	¥5,000	680,000	1,730,000	2,000,000	2,550,000	3,100,000	3,650,000	4,200,000	4,750,000	5,850,000
	¥10,000	1,360,000	3,450,000	4,000,000	5,100,000	6,200,000	7,300,000	8,400,000	9,500,000	11,700,000
	¥20,000	2,730,000	6,910,000	8,010,000	10,210,000	12,410,000	14,610,000	16,810,000	19,010,000	23,410,000
	¥30,000	4,090,000	10,360,000	12,010,000	15,310,000	18,610,000	21,910,000	25,210,000	28,510,000	35,110,000
	¥34,000	4,640,000	11,740,000	13,610,000	17,350,000	21,090,000	24,830,000	28,570,000	32,310,000	39,790,000
	¥40,000	5,460,000	13,820,000	16,020,000	20,420,000	24,820,000	29,220,000	33,620,000	38,020,000	46,820,000
	¥50,000	6,820,000	17,270,000	20,020,000	25,520,000	31,020,000	36,520,000	42,020,000	47,520,000	58,520,000

【図表4-11】排出権価格動向と削減パーセンテージ２

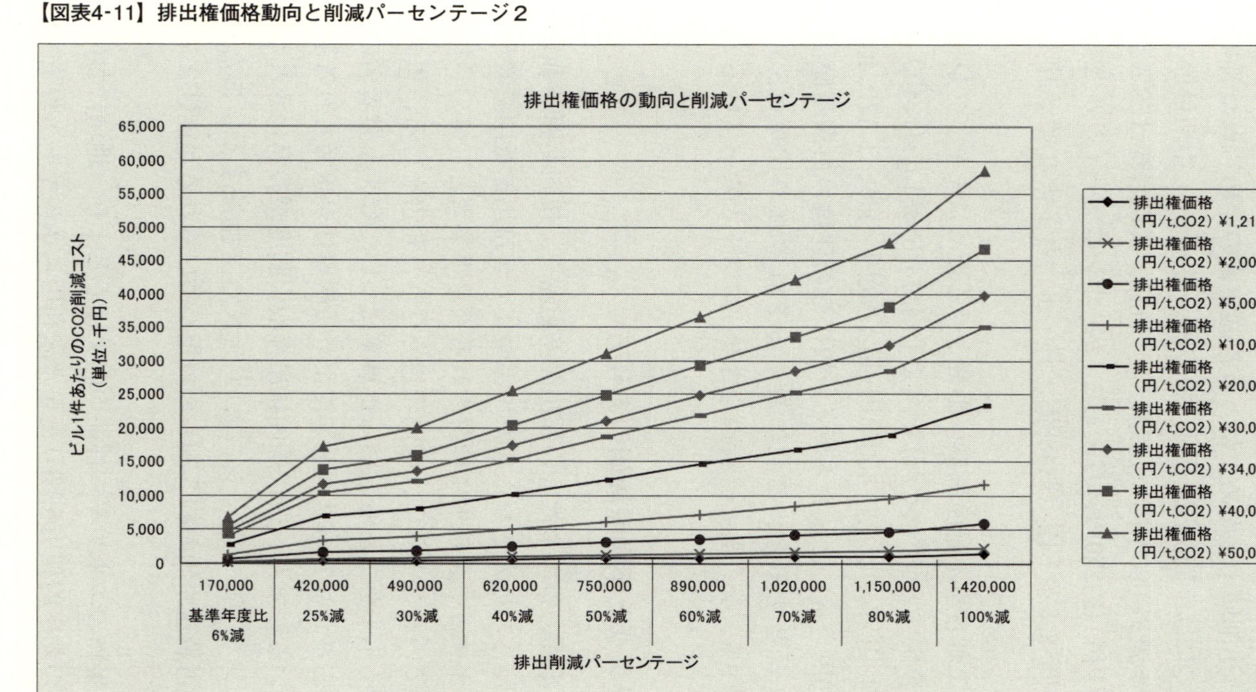

CO_2排出価格が50,000円まで上昇すると仮定した場合、ビル１棟（図表4-6により、延床面積10,000㎡、年間CO_2排出量1,100t）においてCO_2を排出削減するためには、京都議定書の定められた目標期限2012年までには年間6,820千円（約57円／月・㎡）、中期目標では30％削減で年間20,020千円（167円／月・㎡）、長期目標は50％減で年間31,020千円（約259円／月・㎡）、カーボンニュートラルとした場合には年間58,520千円（約488円／月・㎡）と多大な額が計上されてしまう。

さらに、これらを不動産価格に影響させるためにキャップレートを５％で割り戻すと、それぞれ136,400千円（13,640円／㎡）、400,400千円（40,040円／㎡）、620,400千円（62,040円／㎡）、1,170,400千円（117,040円／㎡）と試算される。仮にこの建物の再調達原価を240,000円／㎡とすると、これに対するそれぞれの比率は5.7%、16.7%、25.9%、48.8%と、看過できないコストとなっていることがわかる。

Ⅲ 環境リスクと不動産評価のあり方

住宅・建築物の省エネ性能の届出義務範囲や、規制範囲が事業所から事業単位へと拡大され、新たに温暖化ガス排出総量削減義務対象者がビルオーナーを基本に検討されるなど事業者としての負担が大きくなっている。さらに、虚偽報告を行う、報告を怠る、省エネ措置が著しく不十分であるといった事案については、事業者名の公表や過料もあり、社会的立場としてより一層責任が求められる形となってきている。また、仮に国内排出権取引制度が義務化された場合には、本シミュレーションにおいてはCO_2を削減するにあたり、最大で建物再調達原価の約５割もの負担が強いられる可能性まで考えられる。

一方、建築物のエネルギー性能の向上はもとより、地域におけるエネルギーの効率的利用を図り、また未利用エネルギー・再生可能エネルギーの活用や技術革新を通じて効率的なエネルギー供給を推進するなど、低炭素型の都市づくりを推進していくことは、エネルギー・コストの削減とともに、上記のような減収・減価リスクを低減する。もちろん追加的投資を要するものの、これらのコスト削減・リスク低減効果を考えれば投資に十分値する場合もあり、さらに新たな産業や雇用を創出する効果も考えられる。

環境問題に関する関心度や、エネルギー価格の上昇、環境関連規制の施行に伴い、ビルオーナーのみならず、テナント企業、住宅購入・入居を希望する一般消費者、さらには投資家に至るまで、不動産の環境性能を重視する傾向は強まるものと考えられる。

今後は環境リスクの低減効果を十分に把握しそれに応じた付加価値を積極的に認めることが評価として相当であるといえる。

第5章

建物環境評価制度と環境付加価値評価の関連付け

第１節　（高井）

建築物総合環境性能システム（CASBEE）の概要

Ⅰ　世界の建物の環境性能評価手法とCASBEE

現在、世界各国は各国独自の建築物の環境性能評価手法の開発を終了し、これを自国の建物の評価に活用している段階である。1998年ごろからGBC98（Green Building Challenge '98；環境と建築に関する国際会議）などを契機として世界各国で開発が行われたが、ほぼ10年が経過して現在では開発は終了し、各国は評価事例を増やし改訂を行っている状況にある。

しかし、普及の状況を見ると大きくは２極化の方向である。すなわち、一方では、欧州において英国が開発したBREEAM、米国においてLEEDが評価事例を拡大し、アジアにおいては日本のCASBEEが自治体の活用を背景に評価事例を大きく伸ばしている。他方では、他の各国の評価手法は評価事例がかなり少なく、伸び悩んでいる状況がある。

日本で普及の進んでいるCASBEEは、さらなる市場への普及が現時点での重要課題となってきており、より広いステークホルダーに理解され、活用されること、またCASBEE評価により建物の資産的な価値が向上する等の見える化が求められつつある。この状況は他の海外の評価ツールにおいても同様の課題となっている。

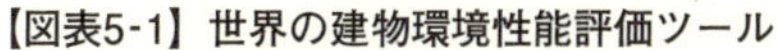
【図表5-1】世界の建物環境性能評価ツール

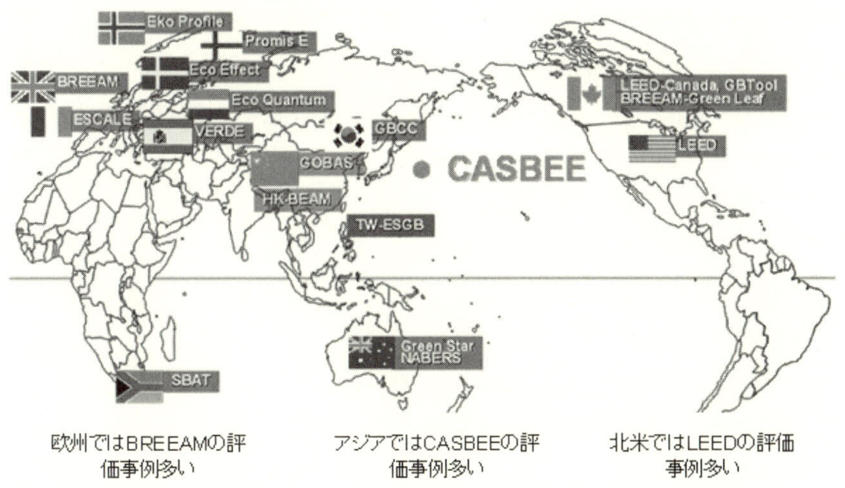

Ⅱ　日本における建物の環境性能評価手法CASBEEの概要

1　CASBEEとは

CASBEEとは国土交通省の主導の下に、官・民・学によって開発された「建築物の総合環境性能評価手法」のことで、Comprehensive Assessment System for Building Environmental Efficiencyの略である。2001年に、㈶建築環境・省エネルギー機構内に設置された委員会において開発が進められ、2002年には最初の評価ツール「CASBEE−事務所版」が、その後2003年７月に「CASBEE−新築」、2004年７月に「CASBEE−既存」、2005年７月には「CASBEE−改修」が完成した。

2　CASBEEによる評価のしくみ

CASBEEの考え方において最も特徴的なことは、建物の敷地境界と地下構築物、最高高さで仮想して囲まれた領域を「仮想境界」と呼び、その内部の環境品質と、その外部の環境負荷を分けて評価する考え方である。そして、建物の環境に関する評価項目を、「ポジティブな環境品質を向上させる項目」（室内環境や建物の永く保つサービス性能や敷地内の緑地環境など）と、「ネガティブな環境負荷を削減する項目」（省エネルギーや省資源や周辺環境への負荷を低減するなど）の大きく２つに分ける。それら２つを体系的に分類し、評価項目の体系が作られている。

次に、仮想境界内部の「環境品質」を高めて、一方で仮想境界外部への「環境負荷」を削減することは、Q/Lの比という式で表すことができる。これを

BEE（Building Environmental Efficiency）＝Quality / Load

すなわち、建物の環境性能効率と定義する。

【図表5-2】CASBEEの評価のしくみ

(Comprehensive Assessment System for Building Environmental Efficiency)

$$BEE = \frac{\text{Q:建築物の環境品質・性能}}{\text{LR:建築物の環境負荷}} = \frac{25\times(S_Q-1)}{25\times(5-S_{LR})}$$

S_Q :建築物の環境品質・性能の得点（5段階）
S_{LR}:建築物の環境負荷低減性の得点（5段階）
Q :建築物の環境品質・性能（100段階）
L :建築物の環境負荷（100段階）
BEE:建築物環境性能効率

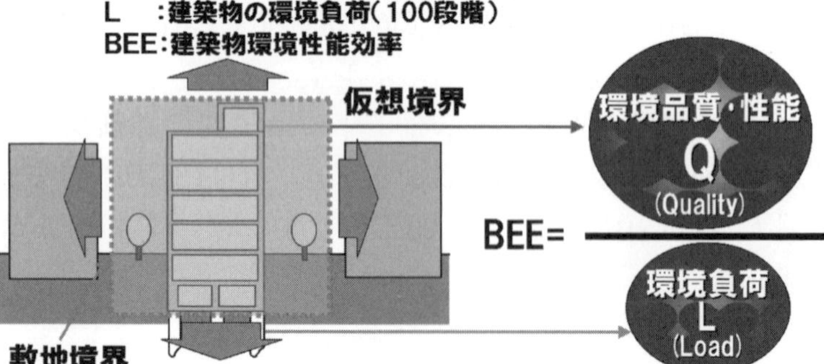

3　評価項目分類と概説

環境品質の評価項目は図表5-3のとおりである。大きく、Q-1室内環境、Q-2サービス性能、Q-3室外環境（敷地内）の3つに分類され、さらに中項目、小項目に細分類されている。Q-1「室内環境」は、物理的な音、温熱、光、空気質の環境が快適性を保つことができるかを評価するものである。Q-2「サービス性能」は、建物の長期にわたる機能性、耐用性、信頼性、対応性、更新性を評価するものである。広さ、耐震性、耐用年数、設備の信頼性、階高のゆとり、設備の更新性など、中項目が設定されている。Q-3「室外環境（敷地内）」は、敷地内の緑化を始めとする生物環境やまちなみ・景観、地域性・アメニティなどを評価するものである。

【図表5-3】環境品質・性能Qの評価項目

大項目	中項目	小項目
Q-1 室内環境	音環境	騒音
		遮音
		吸音
	温熱環境	室温制御
		湿度制御
		空調方式
	光・視環境	昼光利用
		グレア対策
		照度
		照明制御
	空気質環境	発生源対策
		換気
		運用管理
Q-2サービス性能	機能性	機能性・使いやすさ
		心理性・快適性
		維持管理
	耐用性・信頼性	耐震・免震
		部品・部材の耐用年数
		適切な更新
		信頼性
	対応性・更新性	空間のゆとり
		荷重のゆとり
		設備の更新性
Q-3 室外環境（敷地内）	生物環境の保全と創出	
	まちなみ・景観への配慮	
	地域性・アメニティへの配慮	地域性への配慮、快適性の向上
		敷地内温熱環境の向上

環境負荷削減の評価項目は【図表5-4】のとおりである。大きく、LR-1エネルギー、LR-2資源・マテリアル、LR-3敷地外環境の3つに分類され、中項目、小項目に細分類されている。LR-1エネル

ギーは省エネルギー性の評価で、建物の熱負荷抑制、自然エネルギー利用、設備システムの高効率化、省エネの運用管理の４項目で評価する。

LR-2 資源・マテリアルは省資源性の評価で、水資源保護、非再生資源の使用量削減、汚染物質含有材料の使用回避の３項目で評価する。

LR-3 敷地外環境は、2008年に「温暖化対策の明示」を目的に改訂が行われた。評価項目は、地球温暖化対策（$LCCO_2$）、地域環境対策、周辺環境対策の大きく３つの評価項目に再整理された。温暖化対策が評価項目として明確に盛り込まれ、ライフサイクルCO_2の標準的な計算が整備され、一般的な建物（参照建物）と比べたライフサイクルCO_2排出量を目安でグラフ表示をする形に改訂された。

【図表5-4】環境負荷低減性能LRの評価項目

ＬＲ－１　エネルギー	建物の熱負荷抑制	
	自然エネルギー利用	自然エネルギーの直接利用
		自然エネルギーの変換利用
	設備システムの高効率化	空調設備
		換気設備
		照明設備
		給湯設備
		昇降機設備
		エネルギー利用効率化設備
	効率的運用	モニタリング
		運用管理体制
ＬＲ－２ 資源・マテリアル	水資源保護	節水
		雨水利用・雑排水再利用
	非再生性資源の使用量削減	材料使用量の削減
		既存建築躯体等の継続使用
		躯体材料におけるリサイクル材の使用
		非構造材料におけるリサイクル材の使用
		持続可能な森林から産出された木材
		部材の再利用可能性向上への取組み
	汚染物質含有材料の使用回避	有害物質を含まない材料の使用
		フロン・ハロンの回避
ＬＲ－３ 敷地外環境	地球温暖化への配慮	
	地域環境への配慮	大気汚染防止
		温熱環境悪化の改善
		地域インフラへの負荷抑制
	周辺環境への配慮	騒音・振動・悪臭の防止
		風害、日照阻害の抑制
		光害の抑制

4　評価項目の重み付け

以上の６つの分野の評価項目は、中項目、小項目にブレークダウンされ、それぞれの具体的な基準に基づいてレベル１からレベル５までの５段階で評価される。小項目ごとの重み付け加算が行われ、上位の中項目でも重み付け加算が行われる。最終的な大項目の評価の重み付け係数は、図のように、環境の質QではQ-1が0.4、Q-2が0.3、Q-3が0.3の重み付け、環境負荷LではLR-1が0.4、LR-2が0.3、LR-3が0.3の重み付けで加算される。この重み付け係数は、CASBEE委員会委員、CASBEE評価員、学識経験者、建物所有者、CASBEE導入の自治体職員、CASBEE公開セミナー受講者などに協力を得てアンケート調査を行い、回答を平均化したものを基に設定したものである。

【図表5-5】評価分野間の重み係数

BEE = 環境品質・性能 Q (Quality) / 環境負荷 L (Load)

評価分野	重み係数
Q-1　室内環境	0.40
Q-2　サービス性能	0.30
Q-3　室外環境（敷地内）	0.30

評価分野	重み係数
LR-1　エネルギー	0.40
LR-2　資源・マテリアル	0.30
LR-3　敷地外環境	0.30

5　CASBEEの格付け

このように評価された結果をいくつかのグラフ表示を利用してわかりやすく表示するが、CASBEEでは特に特徴的に、格付けチャートが用意されている。チャートは横軸に環境負荷、縦軸に環境品質を取られており、評価対象建物のQとLの数値を座標上にプロットすることができる。環境品質が高く、環境負荷の少ない建物は図の左上の領域にプロットされる。一方、環境の質が低く、環境負荷の大きい建物は右下の領域にプロットされる。このようないくつかの領域が建物の環境性能のランクを表していると考えられる。

CASBEEでは、「Sランク（素晴らしい）（★★★★★）」から、「Aランク（大変良い）（★★★★）」「B+ランク（良い）（★★★）」「B-ランク（やや劣る）（★★）」「Cランク（劣る）（★）」という5段階の格付けが与えられている。

【図表5-6】CASBEEの格付け

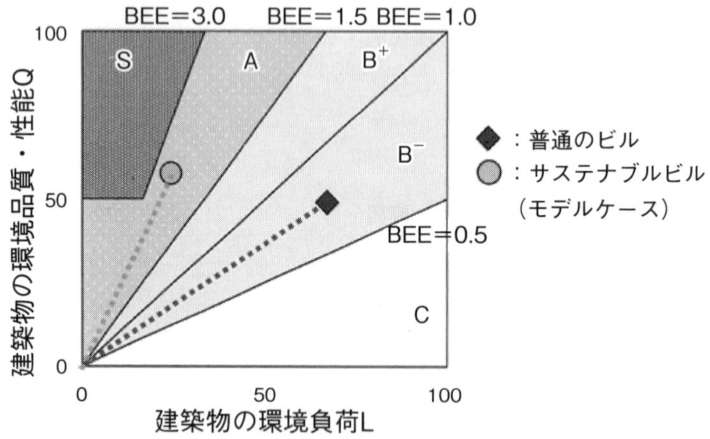

BEE値によるランクと評価の対応

ランク	評価		BEE値ほか	ランク表示
S	Excellent	素晴らしい	BEE=3.0以上、Q=50以上	★★★★★
A	Very Good	大変良い	BEE=1.5以上 3.0未満	★★★★
B^+	Good	良い	BEE=1.0以上 1.5未満	★★★
B^-	Fairly Poor	やや劣る	BEE=0.5以上 1.0未満	★★
C	Poor	劣る	BEE=0.5未満	★

【図表5-7】は名古屋市のCASBEE名古屋の評価事例の結果をプロットしたものである。この結果を見ると、評価建物がCからSま

でに幅広く分布している。また多くの物件は標準に近いB－、B＋、Aに頻度高く分布し、性能の非常に高いSランクや劣っているCランクは頻度が少ないことがわかる。

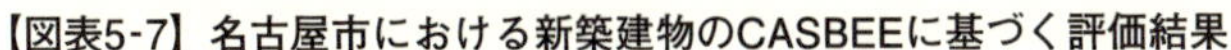
【図表5-7】 名古屋市における新築建物のCASBEEに基づく評価結果

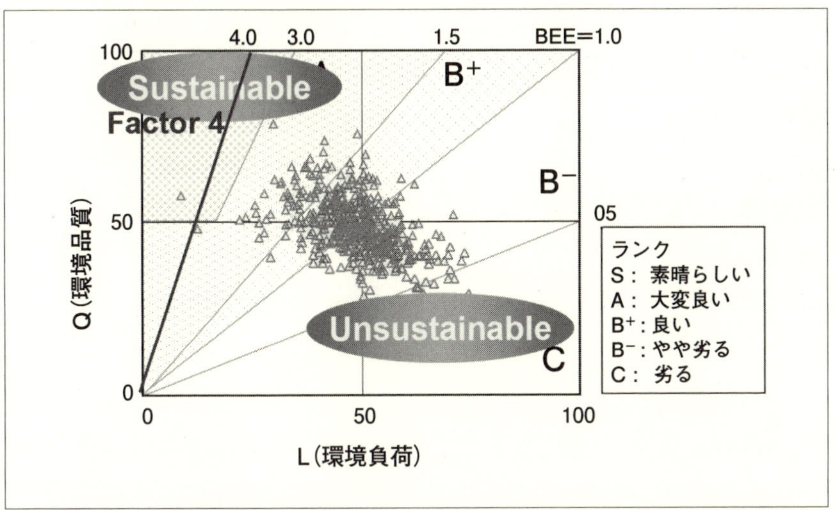

名古屋市における新築建物のCASBEEに基づく評価事例（2000m²超、2004年4月～2007年10月）

6　CASBEEの各種ツール

CASBEEでは各種のツールが開発されている。新築する建物を評価するCASBEE-新築、既存の建物を評価するCASBEE-既存、改修する建物を評価するCASBEE-改修などが建築系の評価ツールである。戸建住宅はCASBEE-すまいで評価することができる。また街区開発や郊外の集合住宅群などのまちづくりを評価するCAS-BEE-まちづくりもツールとして開発されている。

【図表5-8】CASBEEの評価ツール

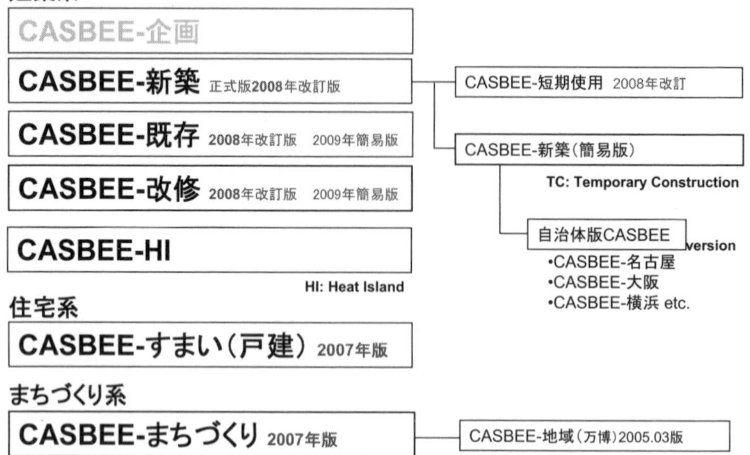

7　自治体での活用

CASBEEは多くの自治体で活用されている。多くの自治体が確認申請許可にCASBEE評価の提出を義務付けており、その自治体数は2008年８月現在で13に及ぶ。またその評価結果は自治体のウェブサイトに公開されている。

また自治体では、自治体ごとの施策にCASBEEを活用することを始めている。総合設計制度でCASBEEのB＋あるいはAランク以上を要件とする。CASBEE評価結果を住宅整備時の補助金の適用要件に活用する。住宅供給の採択順位にCASBEEの評価結果を活用する。CASBEE高得点の住宅購入者を対象に特別金利を提供する、などがその例である。

【図表5-9】 地方自治体におけるCASBEEの活用

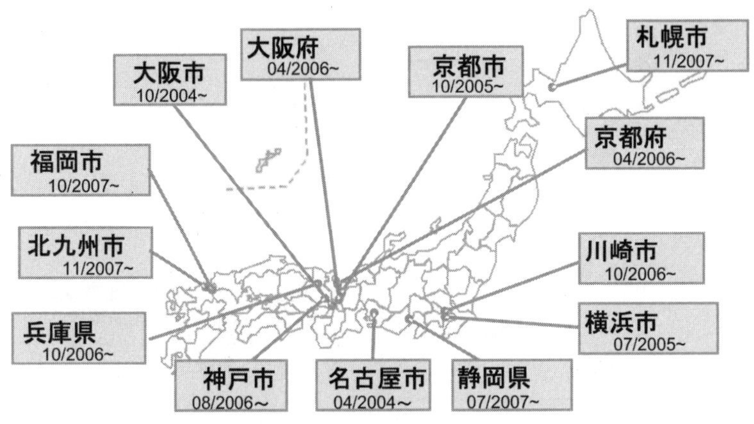

新築建物の確認申請許可のための判断ツールとして

(1) 多くの地方自治体が確認申請許可の決定にCASBEEを活用している
(2) 評価結果は自治体のウエブサイトに公開されている

8　CASBEE評価とCO_2削減効果

昨年のIPCC第４次報告や本年の北海道洞爺湖サミットなどの昨今の動向に見られるように、世界的にCO_2削減が大きくクローズアップされる状況の中、CASBEEにおいてもその評価結果と建物から排出されるCO_2あるいはライフサイクルCO_2の削減効果に、どのような関係があるのかを求める要望が高まっている。【図表5-10】は東京都、国の施設で調査したCASBEEランキングとLCCO_2削減率の関係であるが、CASBEE評価の高い建物にLCCO_2削減効果が傾向として認められる。用途によって異なるが、このような実績データを多く蓄積し、CASBEE評価結果とCO_2削減効果の関係を社会的に周知していくことが今後重要である。

【図表5-10】BEEの評価と$LCCO_2$の削減率の関係（行政建築）

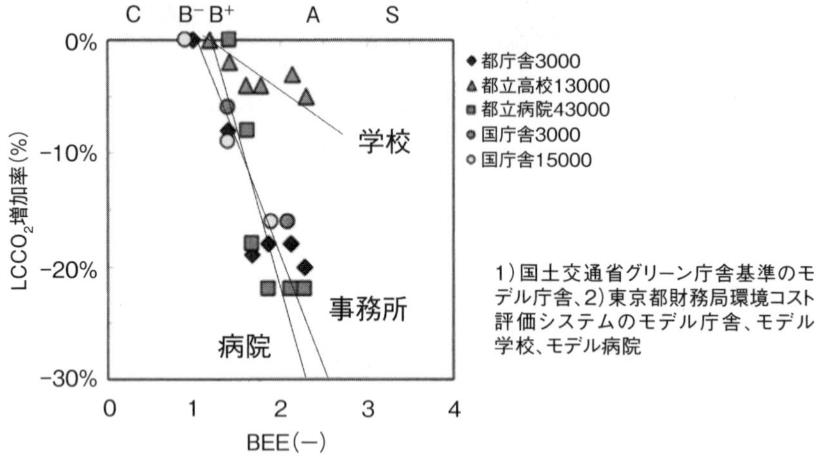

9　評価方法

評価者はCASBEEの評価マニュアルに記載されている内容に従って評価を実施し、評価ソフトにその採点結果を入力する。各評価項目の評価結果はスコアシート上のQ（建築物の環境品質・性能）とLR（建築物の環境負荷低減性）の分野毎に重み係数を掛けた得点として表される。評価結果表示シートは、スコアシートの得点を棒グラフ、レーダーチャート、BEE値のグラフ等を用い、評価結果をビジュアルに表示する。

各評価項目の評価結果はスコアシート上のQに関する得点SQとLに関する得点SLRで表示される。シートは評価分野ごとに分かれている。Q（建築物の環境品質・性能）は、「Q-1 室内環境」、「Q-2 サービス性能」、「Q-3 室外環境（敷地内）」に大別される。LR（建築物の環境負荷低減性）は「LR-1 エネルギー」、「LR-2 資源・マテリアル」、「LR-3 敷地外環境」に大別される。

CASBEEの評価結果表示シートを【図表5-11】に示す。BEEランク＆チャート、大項目の評価チャート（レーダーチャート）、中項目の評価チャート（バーチャート）に加え、ライフサイクルCO_2チャートが新しく盛り込まれている。

【図表5-11】CASBEEの評価結果表示シート

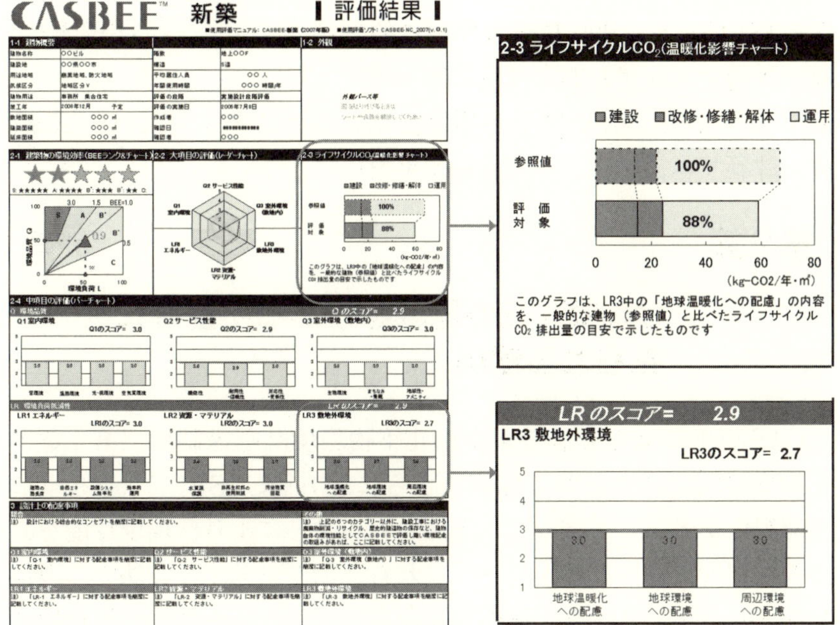

文献：

１）村上周三：CASBEE開発状況とCASBEEの普及、第７回CASBEE公開セミナー、2008年７月

２）㈶建築環境・省エネルギー機構：建築物総合環境性能評価システムCASBEEの概要、ホームページ、http://www.ibec.or.jp/CASBEE/about_cas.htm

３）2007年度BCS設計部会各社CASBEE対応状況調査報告書：2007年12月20日、㈳建築業協会設計部会設計専門部会

４）林立也他：環境配慮型施設の$LCCO_2$、LCC、BEE評価による分析手法、第７回エコバランス国際会議、2006年

5）伊藤雅人：不動産の環境付加価値について、信託227号、2006年８月
6）高井啓明：2008年版CASBEE既存、CASBEE改修の改訂概要と簡易版開発の動向、第７回CASBEE公開セミナー、2008年７月
7）JSBC編集、建築物総合環境性能評価システム　CASBEE-新築　評価マニュアルTool-1（2008年版）
8）JSBC編集、建築物総合環境性能評価システム　CASBEE-既存　評価マニュアルTool-2（2008年版）

第２節　CASBEEの認証等がある不動産に見られる傾向

（伊藤）

CASBEEによる認証や東京都建築物環境計画書制度（第４章第１節Ⅲ参照）にもとづく届出、さらに地方版CASBEE（第５章にて解説）がインターネットに公開されることにより、環境性能をある程度把握できる建物がある。これら建物が不動産投資法人の取得物件となっている場合、概略のキャッシュフローや利回りが把握できることとなる。

そこで本節では、上記の認証や届出のある不動産投資法人物件を抽出し、これを㈳日本不動産鑑定協会収益還元法関連小委員会実証分析WGによる「第６回　収益用不動産の利回り実態調査（平成19年度）」における「J-REIT物件におけるNOI利回りに係る分析」と対比することにより、これら不動産に見られる傾向の把握を試みた。また地方版CASBEEに関しては20件程度の物件に関しCAS-BEEのスコアとNOI利回り（取得時）が得られたことから、その傾向について分析を試みた。

Ⅰ　東京においてCASBEE認証等がある物件についての傾向

まずは以下の２つのホームページにおいて認証あるいは届出のある物件のうち、不動産投資法人の取得物件となっており、高ランクあるいは環境配慮上顕著な特徴を有するものを抽出した。

・CASBEE評価認証一覧
http : //www.ibec.or.jp/CASBEE/accredited_bulds.htm
・東京都建築物環境計画書制度「計画書の公表」
http : //www2. kankyo.metro.tokyo.jp/building/evaruate.html
(物件概要、取引時点、利回りに関しては、各不動産投資法人のニュースリリースによる)

【図表5-12】抽出物件の一覧

物件名	所在地	用　途	認証あるいは届出の制度名	取得ランクあるいは顕著な特徴	取引時点 利回り ＊ *NOI/取得価格
ゲートシティ大崎	東京都品川区	事務所・店舗	CASBEE既存	Sランク	2006/4 4.4%
ISTビル	東京都江東区	事務所・店舗	東京都建築物環境計画書	ERR* 35.48% *エネルギー低減率	2005/9 4.7%
晴海センタービル	東京都中央区	事務所・店舗	東京都建築物環境計画書	ERR 57.18%	2007/12 4.3%
赤坂ガーデンシティ	東京都港区	事務所・店舗	東京都建築物環境計画書	PAL* 38%低減 *ペリメータゾーン熱負荷 ERR 22.12%	2007/3 3.8%

これら各物件の利回りを「J-REIT物件におけるNOI利回りに係る分析」における四分位表にあてはめると以下のようになり、各エリアにおいて比較的低利回りのところに位置している。

これが直ちに環境配慮不動産のリスクプレミアムの低さを実証するものではないが、今後このような実例を集積することにより、傾向を把握することも有用であると考えられる。

【図表5-13】東京５区、東京23区リート利回り分布との対比

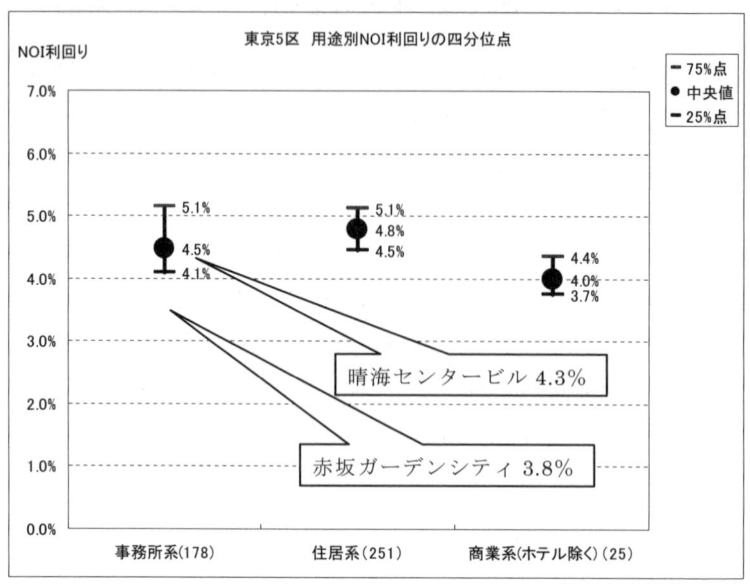

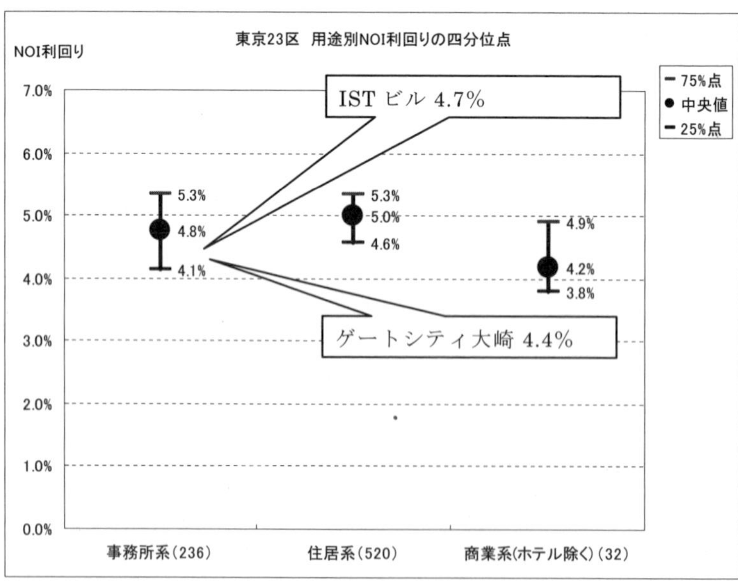

Ⅱ　地方自治体版CASBEEに見られる傾向

前節にも述べたように、現在13の地方自治体が地方版のCASBEEを導入しており、その届出内容が各地方自治体のホームページに公開されている。そこで、各不動産投資法人についてCASBEE届出のある物件を抽出すると、【図表5-14】のような物件があげられる。

【図表5-14】CASBEE地方版の届出があるREIT物件（筆者抽出による）

CASBEE種別	物件名称	建物用途	スコア	取引時点利回り**NOI/取得価格
大阪	北浜MIDビル	事務所・車庫	1.1	4.58%
大阪	イオンモール鶴見リーファ	店舗・駐車場	2.1	4.60%
大阪	淀屋橋フレックスタワー	事務所・駐車場	1.2	5.94%
名古屋	パークアクシス名駅南	共同住宅・駐車場他	1.2	5.62%
名古屋	グランルージュ栄	共同住宅	1.2	6.05%
名古屋	イオンナゴヤドーム前ショッピングセンター	店舗・駐車場	1.4	5.41%
名古屋	アルティス東桜	共同住宅	1.2	5.69%
名古屋	CRD 丸の内	事務所、駐車場	1.1	4.70%
名古屋	オリックス名古屋錦ビル	事務所・車庫	1.0	4.55%
名古屋	NOF 名古屋伏見ビル	事務所	1.6	4.44%
名古屋	UURコート名古屋名駅	共同住宅	0.9	5.16%
名古屋	パシフィックレジデンス高岳	共同住宅・店舗	0.8	5.19%
名古屋	パシフィックレジデンス徳川	共同住宅	0.9	5.74%
名古屋	パシフィックレジデンス白壁東	共同住宅	0.7	5.66%
名古屋	栄４丁目事務所ビル	事務所・店舗	2.3	4.65%
名古屋	プロシード新栄	共同住宅	0.7	5.96%
横浜	MMパークビル	事務所、店舗、診療所	2.1	4.79%
横浜	パシフィックロイヤルコートみなとみらいオーシャンタワー	共同住宅、店舗、車庫	1.2	5.68%

これら物件のCASBEEスコアと利回りの散布図を示すと【図表5-15】のようになる。

【図表5-15】CASBEEスコアと利回りによる散布図

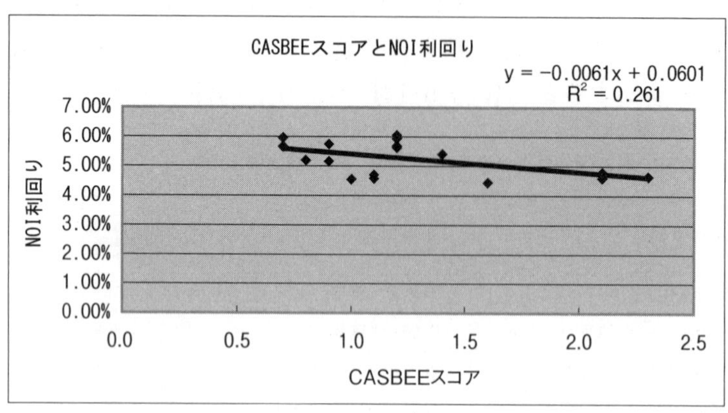

近似直線は右下がりとなり、CASBEEスコアが高いほどNOI利回りが低く設定される傾向があるようにも見えるが、相関分析を行うには余りにもサンプルが少なく、また決定係数も0.261と有意な水準には達していないことから、これだけで環境配慮性能の高い建物のリスク低減効果を説明することには無理がある。

しかし、前節で述べた地方自治体版CASBEEの届出件数は2008年３月で2479件[1]、今後もさらに増加が見込まれることから、このような抽出作業を継続することは有用であると考えられる。

1　CASBEEホームページ（(財)建築環境・省エネルギー機構）より

第３節　CASBEEと不動産鑑定評価の関連付け

（伊藤）

CASBEEのスコアリングが行われている案件については、前節に述べたような相関関係を分析することとあわせて、スコアリングシートの各項目を不動産鑑定評価に結び付けていくことも考えられる。

Ⅰ　CASBEEと不動産評価の類似点

不動産鑑定評価における直接還元法の算式と、CASBEEにおける、建築物の環境効率BEEの算式を並べてみると、両者はよく類似していることがわかる（【図表5-16】参照）。

【図表5-16】直接還元法の算式と、CASBEE環境性能効率の算式

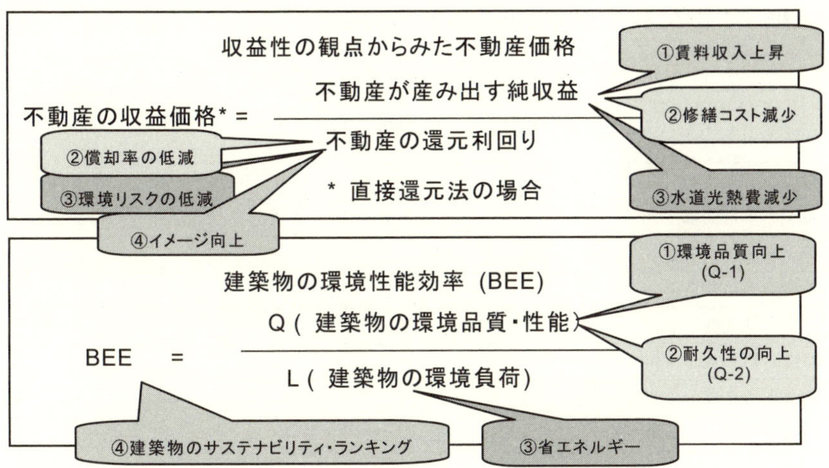

たとえば、環境品質の向上は賃料収入上昇につながり（図中①）、耐久性の向上は修繕費の減少や償却率の低減につながり（図中②）、省エネルギーは水道光熱費の減少と、環境リスクの低減につながる（図中③）。そして最終的に、建築物のサステナビリティ・ランキングは、イメージ向上効果に反映される（図中④）ものと考えられる。

CASBEEに関しては、分母となる環境負荷を低減させつつ、分子となる環境品質・性能を高めることによって、高い環境性能効率（BEE）が得られることとなる。それは貨幣価値そのものではない

が、リスクプレミアムを縮小しつつ高いキャッシュフローを得られる不動産に高い価値が生じるという、収益価格の算式に共通するものがあると考えられる。

Ⅱ CASBEEと不動産評価項目の関連付け

そこで、CASBEEの建築物環境性能評価における各項目と、不動産評価項目（収益還元法における純収益と利回りに関連する諸項目）との関連について整理を行った（【図表5-17】参照）。

【図表5-17】CASBEE項目と不動産評価項目の関連付け

CASBEE 項目	不動産鑑定評価項目（収益還元法関連）			
	総収益増加	費用減少	リスク低減	イメージ向上
Q-1-1 音環境	○			
Q-1-2 温熱環境	○			
Q-1-3 光・視環境	○			
Q-1-4 空気質環境	○			
Q-2-1 機能性		○	○	
Q-2-2 耐用性・信頼性		○	○	
Q-2-3 対応性・更新性		○	○	
Q-3 室外環境（敷地内）				○
LR-1 エネルギー		○	○	
LR-2 資源・マテリアル			○	
LR-3 敷地外環境			○	
CASBEE ランキング				○

項目の関連性は、ここに○印を付したものに限られるものではないが、このような関連性をもとに、それぞれのCASBEE項目が不動産の価格形成に与える影響の度合を検討することにより、環境配慮による付加価値を導き出すことが考えられる。

CASBEEと不動産鑑定評価の関連付けに関しては、当ワーキンググループで引き続き検討しているほか、日本サステナブル・ビルディング・コンソーシアム（JSBC）におけるCASBEE PA（不動産評価）ワーキンググループにおいても、CASBEE各項目のマーケット認知度を高め、鑑定評価への活用可能性を広げるための検討が行われている。現在検討している「関連付け」に関しては、第７章の【別表A】～【別表D】にてモデルケースについての試算を行ったので参照願いたい。

今後は㈳日本不動産鑑定協会とCASBEE双方のワーキンググループにて、このような関連付けのツール化を行っていく予定である。

第6章

自然再生と環境付加価値

第１節　（伊藤）

生物多様性に関する問題認識の現状

1992年、リオ・デ・ジャネイロでの地球環境サミットにおける「生物の多様性に関する条約」の世界各国首脳による署名及びその後の発効を一つの契機に、生物多様性確保が重要な課題であるとの認識が要求されることとなった。しかしながら、大量消費型高度成長の時代から環境保全の時代へ、という社会的要求の変化に対する認識が不十分であったり、自然界に内在する生態系というシステムへの基本的理解がまだまだ不十分であると思われる。それゆえ、生態系として機能していない見かけだけの緑化が盛んに行われるなど、このままでは間違った方向に進むことが大いに懸念される。

Ⅰ　生態系を支える５要素と、生態系ピラミッド

生態系は野生生物、土壌、水、大気、太陽の光という５つの要素から構成されている。緑色植物は土壌から無機物質と水、大気からCO_2を吸収しながら、太陽エネルギーを固定し化学エネルギーに変換する過程（光合成）を通じて、他のいろいろな動物が生活の営みに必要な炭水化物、蛋白質などの有機物質を作り出す。チョウやバッタ、カブトムシといった昆虫類は草や木の葉、花蜜、樹液などを餌とし、こうした昆虫を食べて生きるクモやカマキリ、トンボといった肉食性の小動物や昆虫がいる。さらにこうした小動物を食べて生きるトカゲやカエルがいて、それを食べるヘビやモズ、イタチ等の鳥獣がいる。

こうした「捕食－被食」の関係でつながる生物の鎖を食物連鎖といい、ワシ、タカやフクロウなどの猛禽類やキツネなどの肉食性哺乳類は食物連鎖の頂点に位置する。そして生産者（緑色動物）から

エネルギーを直接受け取る（食べる）第１次消費者、第１次消費者からエネルギーを受け取る第２次消費者、その次を第３次消費者というように、生産者から順に高次の段階へと、その量的関係を積み上げていったものを「生態系ピラミッド」という（【図表6-1】参照）。生き物はやがて死んだり枯れたりするが、その死体を土壌の中にいるミミズやダニ、細菌やカビ等が食べて分解し、再び土に戻す。これら土壌中の生き物は分解者といわれ、生態系ピラミッドの底辺を支える形となっている。

【図表6-1】生態系ピラミッド（㈶日本生態系協会提供）

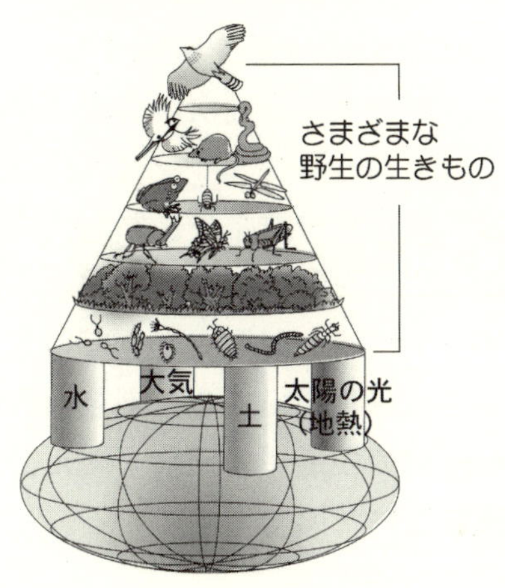

生態系ピラミッドは非常に微妙なバランスから成り立っており、道路建設などの開発によりその一部が欠けるだけで、猛禽類や肉食性哺乳類等の高次消費者が消えるなど、大きな影響をもたらすことがある。また地域に本来あるべき植生を無視した植栽や外部からの土壌の搬入が、その地域の生態系に甚大な影響を及ぼすことも認識する必要がある。

Ⅱ　海外の対応

たとえばドイツでは、「連邦自然保護法」において「自然及び景域は、それが人間の居住域、非居住域にかかわらず、保護し、保全し、発展させ、また必要な場合は復元しなければならない」という目標を掲げている。都市開発に関しても自然を復元・創造し、自然と共存できる方向にて進めるという姿勢が取られている。

たとえばアウトバーン（高速道路）に関して、道路端から40m以内の建築を原則として禁止し、100m以内を許可制とすることにより、都市と都市を結ぶ「自然」の帯を確保するという事例がある。また山でもないのにトンネル構造とし、トンネルの上に自然緑地を作る、道路の下に小動物の通り道を確保するといった工夫がなされ、高速道路でありながら上空を高次消費者のタカが飛翔する、豊かな生態系が確保されている。

また市街地でも道路の中央分離帯や街路樹、街角の緑地といった公共スペースのみならず、民間の住宅地の中庭や壁、屋上に至るまでエコロジカル・ネットワークが形成されている。これらの基本となる手法は「エコロジー緑化」であり、園芸植物や外来種を避けて野生種を選び、多層構造で多種類の植物を交え、人工的な管理は控え、できるだけ自然に近い状態で育てている。

Ⅲ　生態系に対する日本の認識

一方、日本においては、環境保全の時代への社会的要求が認識されつつあるが、生態系への基本的理解が十分といえない状況にあるものと考えられる。

たとえばワイルドフラワー緑化のように、地域生態系を無視した植栽がまだ多くなされ、地域の植生に悪影響を与えている現状がある。また、在来魚の稚魚やヤゴ等の昆虫がいる河川に、雑食性のニシキゴイを放流するような行為が、自然回復の活動として行われるような現状もある。

1990年に大阪で開催された「国際花と緑の博覧会」は「自然と人間の共生」をテーマとしていたが、そこにある「ふるさとの庭」や「日本の庭」といった展示のほとんどに、園芸種や外来種が導入されていた。竹林林床にパンジーという展示まであり、海外NGO関係者の失笑を買ったとの逸話もある。

日本における生態系の認識度、理解度がこのような状況にあるなかでは、生態系に配慮した建築や設備の効果すら十分に認識されない懸念が生じる。生態系保全に関してはその経済的効果測定以前に、効果に対する認識度を高めることからスタートしなければならない現状にあるものといえる。

第２節　生物の立場から緑の質を計る指標－HEPとは

（伊藤）

開発に伴い消滅あるいは衰退する可能性のある自然環境に対する環境保全措置プランニングのツールとして、アメリカの環境アセスメントで使われているHEP（ハビタット評価手続き）が有用なものと思われ、日本では㈶日本生態系協会がハビタット適性指数モデル（HSIモデル）を数十の野生生物を対象に開発している。

HEPは、ある地点での植生等を分析し、HSIモデルを用いて野生の生き物にとっての住みやすさ（質）、すなわちハビタット適性指数（HSI）を求める。次に、同じ質でも面積が大きい方が望ましいことから、HSIに面積を乗じたハビタットユニット（HU）を算出する。さらに、100年といった一定期間全体のHU総量として総ハビタット価値（THU）を求める。

この総ハビタット価値（THU）を求めることで、その開発に伴う影響度や回避・低減・代償等の手段を検討し、ノー・ネット・ロス（開発に伴う正味損失がゼロ）を実現することが可能となる（【図表6-2】参照）。

【図表6-2】ハビタット評価のイメージ（㈶日本生態系協会資料より）

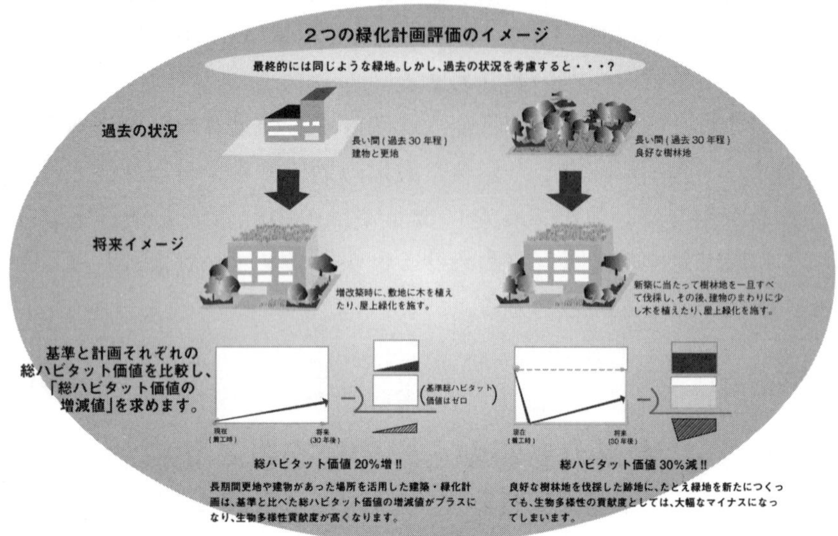

しかし、HEPを適用する際は、指標種の選び方やHSIモデルの制度、評価基準の決め方などが適切でないと評価結果に問題が生じる恐れもある。

㈶日本生態系協会では、HEPによる評価結果の水準を保つために、このHEP手法を応用した評価認証制度、ハビタット評価認証制度（JHEP認証シリーズ）を開始した。JHEP認証シリーズでは、様々な開発事業や、自然を保全再生するプロジェクトを、共通の尺度で定量評価することが可能となり、一定の基準をクリアした事業に対しては認証が与えられる。

本章冒頭において述べたように、これまで、生態系や生物多様性に対する理解不足から、不動産についても問題のある緑化の行われることが少なくなかった。その上、緑化のタイプによっては、専門家であってもその善し悪しについて簡単に判断できないケースもあった。JHEPを用いることによって、一般ユーザーでも、不動産における生物多様性の保全の程度を一目で確認できるようになるため、不動産の付加価値に生物多様性という要素を取り込む動きが本格化することが予想される。また認証取得する物件が増加することにより、複数物件の比較も可能となってくる。今後、同制度の普及と活用が期待されるところである。

第3節　自然再生の環境付加価値について

（伊藤）

前節のようなアプローチにより生物多様性の保全度を高めた緑地は【図表6-3】に示したように、広域エリア、近隣エリア、個別不動産と、それぞれの領域において付加価値を生み出していく可能性を有している。

【図表6-3】それぞれの領域に生じる生物多様性の付加価値

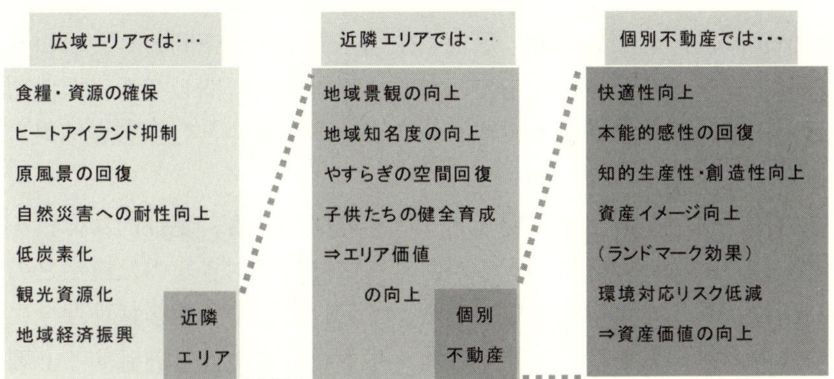

広域エリアでは･･･
食糧・資源の確保
ヒートアイランド抑制
原風景の回復
自然災害への耐性向上
低炭素化
観光資源化
地域経済振興
近隣エリア
近隣エリアでは･･･
地域景観の向上
地域知名度の向上
やすらぎの空間回復
子供たちの健全育成
⇒エリア価値の向上
個別不動産
個別不動産では･･･
快適性向上
本能的感性の回復
知的生産性･創造性向上
資産イメージ向上
（ランドマーク効果）
環境対応リスク低減
⇒資産価値の向上

Ⅰ　広域エリアに生じる生物多様性の付加価値

広域エリアにおける観光資源化、地域経済振興効果等に関しては、第３章第３節において宮崎県綾町の実例を挙げた。このような広域エリアでの経済効果が、結果として個別不動産の地価下落を食い止める可能性についても、同節で述べたとおりである。郷土に根ざした植物種は地震や風雨にも強いほか、火災時の延焼防止にも役立つことが知られている。[1]さらに、広域エリアでの生物多様性の取り組みは、取り組みは食料・資源の確保等、全国レベルでの大きなリスクを低減する効果もある。

Ⅱ 近隣エリアに生じる生物多様性の付加価値

近隣エリアにおいては、地域景観や「安らぎの空間」の創設が、当該近隣地域の環境条件にプラスとなる可能性は十分に考えられる。現に、「眺望・景観等自然的環境の良否」は地域分析の上でも増価要因として見られている。[2]今後は前節のHEP等を通じて、生物多様性豊かな緑に対する共通認識が高まるほど、地域要因としての重要性が高まってくるものと考えられる。

Ⅲ 個別不動産に生じる生物多様性の付加価値

個別不動産に関しては、敷地や生活空間・執務空間としての快適性向上が挙げられる。住宅のみならずオフィスに関しても、環境項目の中で「緑化」を最も重視するテナントが多いという調査結果もある。[3]

資産イメージ向上や環境リスク低減に関しても、定性的な分析をさらに進めていく必要があるが、さらに注目すべきなのは自然との共生による生産性向上効果である。本節において生物多様性保全に資する緑地の質とは、人間ではなく生き物の観点から評価する必要があると述べてきたが、このような環境づくりが結果的には人間にとっての快適性や生産性を高めていく可能性に関しても、追及していく必要がある。

[1] 宮脇昭「いのちを守るドングリの森」（集英社）他

[2] 地価調査研究会「土地価格比準表」他

[3] 森ビル㈱「2007年度ヒルズオフィスライフ調査」
http：//www.mori.co.jp/pdf/2008031210031720178. pdf

第7章

「環境付加価値」評価の実践

前章まで、不動産の「環境付加価値」に関する理論と、今後の評価手法への適用可能性について述べてきたが、ここで一つモデル事例を想定し、いままで述べた評価手法を適用してみることとする。

イ）モデル事例の概要

ここで想定したモデル事例は、できる限り実践的な試算を行えるよう、実在する新築ビルを採用している。ただし、物件が特定できるような表示は避けるとともに、価格形成要因や採用数値に関しても想定を含んでいることをご了承いただきたい。

【土地の表示】

所在	地番	地目	公簿面積
東京都○○区○○	○○番○	宅地	3,400㎡

上記に対する所有権共有持分69／100

【一棟の建物の表示】

所在：東京都○○区○○○○番地○

構造：鉄骨鉄筋コンクリート造及び鉄骨造地下３階、地上21階建

用途：事務所、店舗、駐車場

延床面積：35,000.00㎡（駐車場面積緩和の適用あり）

【区分所有建物の表示】

建物番号：○○番○○

構造：鉄骨造地下１階地上21階建

専有面積：24,000㎡

（賃貸面積：18,000㎡）

ロ）地域環境としてのエリア把握

地域環境の観点から対象不動産の属するエリアを把握する場合、土地利用に関する用途的なまとまりのみならず、計画建物が環境面で影響を及ぼす範囲や地域植生・生態系等も考慮する必要がある。

今回の調査にあたっては計画建物の用途・規模等を勘案し、また海岸との位置関係や植生の分布等、環境関連の指標を得やすい範囲という観点から、東京都○○区全体を該当エリアとして把握した。

ハ）地域環境の状況

A）土地利用の現況と緑被率等

「○○区みずとみどりの基本方針」によれば、同区は社寺や大名庭園などの豊かな緑を有しながら、緑被率は約18％と決して高い水準ではない。東京湾に面しているが、水辺は全て人口護岸となっている。業務系用途の大規模開発に関しては一段落した感はあるものの、居住の都心回帰に伴うマンション等の建設も多く、緑被率は減少の傾向にある。

B）地域植生の状況

「日本植生誌」（宮脇昭編著、至文堂）によれば、このエリアは東京湾岸部に属し、固有の自然環境の総和や能力に応じた植生である「潜在自然植生」は、常緑広葉樹のタブノキが高木層を優占する「タブノキ群集」であるとされている。しかしながら、現在そのような植生が残されているのは大名庭園等、わずかな箇所に限定されている。

隣接区を含めた近時の再開発案件のなかには、これら植生を復元させる動きも見られるが、外来種を多く含んだ緑化もみられる。

C）生態系の状況

商業・業務地域あるいは高層住宅地域として熟成の度合が高い同エリアにおいては、一見して自然生態系というものを把握しづらい面はあるが、「○○区みずとみどりの基本方針」によれば、下水道の普及等による海水の水質向上が進んでおり、沿岸部においてもハゼ、アナゴ、サッパ、メバル、アイナメ、ボラ、スズキといった多様な魚類が観察できる。鳥類に関しては都会によく生息するハシブトガラスやスズメ、ヒヨドリ、ムクドリ等の存在が圧倒的に多いものの、水辺にはユリカモメ、セグロセキレイ、カルガモ等が見られ、大名庭園や寺社林ではメジロ、シジュウカラやコゲラもよく見られる。

しかしながら、生態系上さらに高次元の消費者となるオオタカ、チョウゲンボウ、フクロウといった猛禽類の存在は一切なく、天敵のいないハシブトガラスが繁殖してゴミ集積場を荒らすなどの問題も生じており、生態系ピラミッドは不完全な状態にあるといえる。

D）大気およびヒートアイランドの状況

湾岸部の大規模開発による海風の遮蔽及びこれに伴う内陸部のヒートアイランド現象の問題も深刻化しているなどが指摘されている。

ニ）地域環境のあるべき方向

「○○区みずとみどりの基本方針」にもあるとおり、地域環境の方向としては、エリア本来の植生を復元し、寺社林、大名屋敷のような大規模な緑を保全し、これらにつながる道路や海岸、河川あるいは比較的大規模な開発敷地による多様な緑のネットワークを形成すること等により、大気汚染・ヒートアイランド現象の改善や自然生態系の回復を目指すことが相当であると考えられる。

ホ）調査対象不動産の状況

【土地】

交通接近条件	JR○○線○○駅直結
街路条件	西側にて幅員約 30m 都道（放射○○号線）に等高に接面。
行政的条件	商業地域、防火地域、建ぺい率 80%、指定容積率 700% 許容容積率 900%（再開発地区計画による容積率割増あり）
供給処理施設	電気・ガス・上水道・下水道とも整備済み
埋蔵文化財の有無及びその状態	周知の埋蔵文化財包蔵地の指定はない
土壌汚染の有無及びその状態	エンジニアリング・レポート等によると、地歴調査の結果、土壌汚染を引き起こす恐れのある用途での土地利用が行われた形跡はなく、土壌汚染の懸念は少ないものとされている。 したがって、土壌汚染が価格形成に与える影響はないものと判断した（ただし、詳細調査等により土壌汚染が判明した場合は、その内容如何により本件調査価格は影響を受ける場合がある。）
画地条件	間口約 60m、奥行約 50m、ほぼ長方形状の整形な角地であり、地勢は平坦。
その他	対象地の南側の広場及び都道を介して江戸時代からの広大な庭園あり。また対象地東側は 2 つの街区を介して東京湾に面している。

〈土地の最有効使用の判定〉

上記要因等を踏まえ、対象地の最有効使用を高層店舗兼事務所敷地としての利用と判断した。また対象地東側の東京湾や近隣の庭園とともに地域環境に果たす役割も大きいものと考えられることから、敷地については海風の通り抜けを考慮した配置や地域植生導入を考慮する必要があると考えられる。

【建物】

対象建物は2007年12月に竣工した新築建物である。建築主である〇〇株式会社の意向により、通常仕様よりも環境に配慮した企画がなされており、その特徴となる箇所をあげると以下のとおりとなる。

環境配慮項目	特徴となる項目	概要と見込まれる効果
周辺環境向上	ペデストリアンデッキ緑化	ヒートアイランド緩和、地下水涵養、周辺緑地との連携（この点に関しては、通常仕様の不動産も同様の配慮を要する）
	公開空地緑化	
	雨水一時貯留	地域インフラへの負荷抑制
省エネ・省資源	高断熱・高気密壁面	高遮熱断熱 Low-e ペアガラスと簡易エアフロー採用。さらに石張り単窓PCa板を多く取り入れ断熱性を強化。
	自然採光を考慮したデザイン	コーナー部分にガラスカーテンウォールを組み合わせて自然光を導入。
	ハイブリッド型自然換気システム	事務室各階に導入。建物の三面に自然換気ダンパーを設け、事務室内・天井内に外気を自然流入させるとともに、負圧となる面の自然換気により排気を行っている。
	個別空調	1フロア28区画のVAVゾーニングを設け、ゾーンごとにセンサー制御。
	タスク・アンビエント照明等	1フロア20区画の調光ゾーニングで初期照度補正・昼光制御を導入。 トイレ及び特別避難階段は人感センサーによる点灯・消灯（減光）。

【建物】

	コージェネレーション設備	ガスエンジンにより発電し、排熱は排熱投入型冷温水発生機へ供給。
	氷蓄熱方式 高効率ターボ冷凍機	夜間の安価な業務用蓄熱調整契約電力を利用できるとともに、ピークアウトによる環境負荷低減を実現。 オフィス部分は高効率ターボ冷凍機を採用。
節水	広域再生水引込	東京都再生水をトイレ洗浄用に利用。
長寿命	耐震グレードＳ （超高層+制振）	耐用年数増加
	天井高 3000mm コンセント 60VA	機能性を高め、設備更新の柔軟性を確保
エコマテリアル	循環資材・低環境負荷材導入	資源再生想定等

基準階平面図・断面図

【図1】基準階平面図

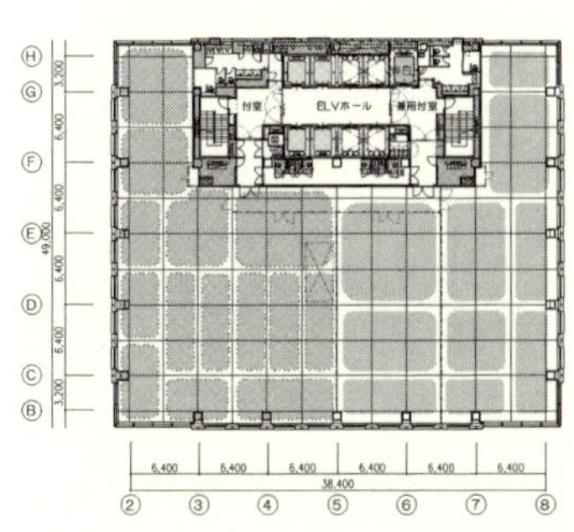

【図2】断面図

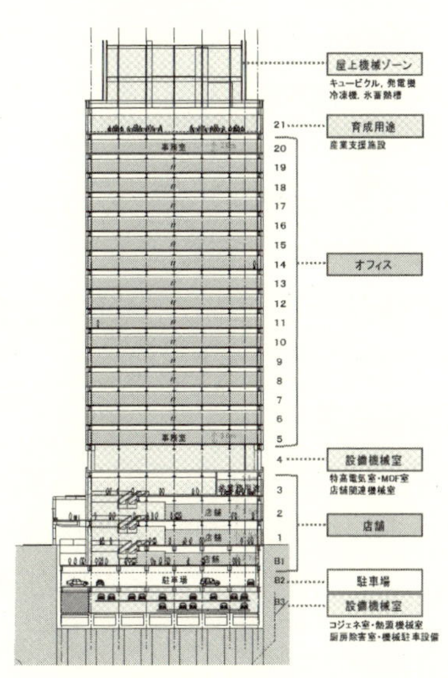

へ）環境の視点を加味した対象不動産の最有効使用と、計画用途との関係

前記ニ）の地域環境のあるべき方向、及び前記ホ）の調査対象不動産の状況等を勘案した結果、対象不動産の最有効使用は環境に配慮した大規模店舗兼事務所であり、対象不動産は最有効使用の状態を実現しうるものと判断した。

ト）CASBEEによる環境付加価値要因の分析と、調査価格に関する方式の適用

対象不動産の調査価格を、原価法、取引事例比較法及び収益還元法（直接還元法及びDCF法）により求めることとする。

なお対象不動産は建築物総合環境性能評価システム（CASBEE）による環境性能のスコアリングを行っていることから、このCASBEEスコアリングシートによる環境付加価値要因の分析を、あわせて行うこととする。

A）CASBEEスコアリングシートによる価格形成要因の分析

CASBEEのスコアリングシートには、環境配慮建築物に関する環境品質（室内環境、サービス性能、室外環境）の向上と環境負荷（エネルギー、資源・マテリアル、敷地外環境）の低減に関する項目が網羅的に記載されていることから、このスコアリングシートを用いた価格形成要因の分析を行った。

その分析結果は【別表A】のとおりであり、以下の要素を調査価格に関する方式の適用に含めることとする。

収入増加効果　５％
支出低減効果　あり（具体的金額については個別に査定する）
利回り低減効果　−0.5％

B）原価法の適用

①一棟の建物敷地としての、土地の再調達原価

対象地の再調達原価を取引事例比較法により、25,500,000,000円（7,500,000円／㎡）と求めた（別表省略）。[1]

なお対象不動産は既成市街地に存することから原価法の適用は困難と判断し、また後述する土地・建物一体の収益価格の計算と重複することから収益還元法（土地残余法）の適用も行わなかった。

②一棟の建物の再調達原価

工事請負契約書、エンジニアリング・レポート等を参考に、8,300,000,000円（237,000円／㎡）と求めた。

その内訳、および環境配慮仕様のために要した付加的コストは以下のとおりである。

（単位：円）

工事項目	金額	うち、環境配慮仕様の金額	備考
本体工事	5,600,000,000	48,000,000	制振装置、自然換気装置、Low-εガラス他
電気設備工事	900,000,000	15,000,000	調光照明器具他
給排水衛生設備工事	400,000,000		
空気調和設備工事	1,000,000,000	207,000,000	自然換気制気口、チャンバー、制御装置、氷蓄熱他
昇降機設備工事	300,000,000		
外構工事	100,000,000	12,000,000	
合計	8,300,000,000	282,000,000	

1　土地の取引事例比較法の明細については従来の方式と何ら変わらないこと、また土地の地域要因明示による物件の特定を避ける必要性から割愛した。

③一棟の建物及びその敷地の再調達原価

以上により、一棟の建物及びその敷地の再調達原価を、33,800,000,000円（土地25,500,000,000円、建物8,300,000,000円）と求めた。

④減価修正及び一棟の建物及びその敷地の積算価格

一棟の建物及びその敷地の適合性は良好であり、かつ建物については新築間もないことから、減価修正は不要と判断し、一棟の建物及びその敷地の積算価格を、33,800,000,000円（土地25,500,000,000円、建物8,300,000,000円）と求めた。

⑤対象不動産の積算価格

「共同ビル建築に関する覚書」に記載された対象不動産の権利割合69％を妥当と判断し、対象不動産の積算価格を以下のように求めた。

(一棟の建物及びその敷地の積算価格)		(権利割合)		(対象不動産の積算価格)
33,800,000,000円	×	69％	≒	23,300,000,000円

C）収益還元法の適用

①直接還元法による収益価格

安定的な純収益を還元利回りで永久還元することにより、直接還元法による収益価格を【別表B】のとおり27,209,000,000円と求めた。

なお、計画建物が通常仕様より環境に配慮した建物であることに関する効果をまとめると、およそ右表のとおりとなる。

環境関連効果	増減対象	増減値	根　　　　　拠
温熱環境の向上	収入	約 2%増加	基準階 28 ゾーンというきめ細かい空調制御について、テナント仲介業者意見等を勘案し査定した。
光・視環境の向上	収入	約 1%増加	基準階 20 ゾーンというきめ細かいセンサー制御について、テナント仲介業者意見等を勘案し査定した。
サービス性能の向上	収入	約 2%増加	60VA の大容量コンセント、天井高 3,000mm について、テナント仲介業者意見等を勘案し査定した。
信頼性の向上	還元利回り	0.1P 減	制振構造の導入による耐久性の向上、テナント需要の安定化を勘案し査定した。
耐用年数増加による償却前利回りの低減	還元利回り	0.2P 減	建物価格割合 0.3、躯体割合 0.7 とみた場合の、耐用年数 50 年・100 年それぞれの償却率の差を求めた。 （１×0.3×0.7÷50）－（1×0.3×0.7÷100）
将来の CO_2 排出量等規制強化可能性に関するリスクプレミアムの除去	還元利回り	0.2P 減	通常仕様の場合、エネルギー使用量が約62,500GJ（2.5GJ/㎡）となり、原油換算で1,500kl以上となることから、東京都環境確保条例によるCO_2総量削減義務の対象事業所となることが想定される。通常仕様のCO_2排出量を約2,700t-CO_2、このうち約25％相当の約675ｔの削減が必要になるものと想定し、これをグリーン電力証書で購入するものと想定すると、年間約34百万円相当の減収リスクが生じる*。これをリスクプレミアムに換算した。 *第4章第2節参照
上記項目の総合的効果	直接還元法による収益価格	＋19%	別表B参照

①DCF法による収益価格

対象不動産を一定期間保有し、その後売却することを前提として、この保有期間中の純収益の現在価値の総計と、保有期間終了後の転売価格等の現在価値を加算することにより、対象不動産の収益価格を【別表C】のとおり26,963,000,000円と求めた。

DCF法の適用にあたっては、環境規制による通常仕様不動産の減収可能性をキャッシュフローに反映させたことから、通常仕様不動産の割引率及び最終還元利回りの査定については環境規制のリスクプレミアム相当分を除去した（下表参照）。

	対象不動産	通常仕様不動産	根拠
還元利回り a	5.0%	5.5%	直接還元法にて査定
環境規制リスクプレミアム b		-0.2P	減収可能性はキャッシュフローに反映済
将来の不確実性 c	+0.3P	+0.3P	保有期間満了時以降の収益予測に伴う不確実性を反映
最終還元利回り d	5.3%	5.6%	d=a+b+c
保有期間中の収入安定性 e	-0.5p	-0.5p	定期借家契約による収入安定性考慮
割引率 f	4.5%	4.8%	f=a+b+e

DCF法に関しても直接還元法と同様、＋16%程度の付加価値が生じている。

②収益価格

以上により、

直接還元法による収益価格　　27,209,000,000円

DCF法による収益価格　　26,963,000,000円

が得られた。

両収益価格はおおむね均衡しており、DCF法による価格は実

証的な性格を有する直接還元法による価格によって検証されることが確認された。

上記を踏まえ、収益価格を27,000,000,000円と試算した。

D）取引事例比較法の適用

対象不動産と類似する貸家及びその敷地に関する多数の取引事例を収集して適切な事例の選択を行い、これらに係る取引価格の必要に応じて事情補正及び時点修正を行い、かつ地域要因及び個別的要因の比較を行って求められた価格を比較考量し、これによって対象不動産の試算価格を求める。

貸家及びその敷地の取引事例比較法に関しては不動産の鑑定評価において必ずしも汎用的なものではないが、対象不動産と類似する、グレードの高い賃貸用オフィスビルに関しては不動産投資法人保有物件等からの事例収集が可能であること等から、本調査報告において適用のこととする。

また環境配慮項目に関しては、【別表A】にてCASBEEスコアリングシートにおいて収益価格への影響（収入増加、費用低減、利回り低減等）に関する検討を行っており、ここから価格そのものに及ぼす影響についても検討できることから、【別表A】ではさらにCASBEE個別的要因に関する比準割合（価格増減割合）も算定している。

そこで、【別表D】記載のとおり事情補正、時点修正、地域要因及び個別的要因（土地・建物品等格差）のほか、CASBEE個別的要因も勘案した結果、対象不動産の比準価格を27,200,000,000円（賃貸面積当たり1,510,000円）と求めた。

チ）試算価格の調整と調査価格の決定

以上により、３つの試算価格を得た。

積算価格　23,300,000,000円

収益価格　27,000,000,000円

比準価格　27,200,000,000円

積算価格に関しては、収益価格よりやや低位に求められた。これは、不動産に対する投資需要が減退し、特に土地取引が低迷している現状においても、都心部のグレードの高い大型ビルに関しては依然高い需要があることを反映したものと考えられる。

収益還元法は不動産の収益に着目した理論的な価格であり、本調査においては直接還元法とDCF法の併用により相互検証して試算している。対象不動産は収益用不動産として保有されているものであり、市場参加者（需要者）もまた収益性を重視した価値判断を行うものと考えられる。また本調査においては環境に配慮した建築計画を踏まえた純収益・利回り等の査定を行っているが、かかる査定内容もまた、企業の社会的責任（CSR）等が重視される昨今の状況の下では十分な合理性を有しているものと考えられる。

比準価格に関しては、鑑定評価での適用例は少ないものの、類似の投資用不動産に関して豊富な取引事例を収集しえたこと、また環境配慮に関する個別的要因の検討も十分に対応できたことから、参考となる試算価格であると考えられる。

以上諸事項を勘案し、本調査においては収益価格を重視し、比準価格及び積算価格を参考とした結果、調査価格を次のとおり決定した。

調査価格	27,000,000,000円

CASBEE-新築(2007年版)

○○ビル

【別表A】CASBEE評価項目から価格形成要因を判断するためのシートイメージ

（欄に数値またはコメントを記入）　（網掛けは、価格に影響する可能性が高い項目）

スコアシート　竣工段階

配慮項目	環境配慮設計の概要記入欄	建物全体・共用部分 評価点	建物全体・共用部分 重み係数	住居・宿泊部分 評価点	住居・宿泊部分 重み係数	全体	鑑定評価に活用した事項とその根拠 収入増減(相乗積)	支出増減(マーク表示)	利回り増減	比準(相乗積)	根拠
Q 建築物の環境品質						4.1	1.05		-0.30%	1.08	
Q1 室内環境			0.40			4.2	1.03		0.00%	1.03	
1 音環境		4.2	0.15	-	-	4.2	1.00		0.00%	1.00	
1.1 騒音		4.0	0.40	-	-					1.00	
1 暗騒音レベル		4.0	0.50	3.0	-		1.00				
2 設備騒音対策		4.0	0.50	-	-		1.00				
1.2 遮音		5.0	0.40	-	-						
1 開口部遮音性能	外壁性能(T-2)を確保	5.0	0.60	3.0	-		1.00				
2 界壁遮音性能		5.0	0.40	3.0	-		1.00				
3 界床遮音性能(軽量衝撃源)		-	-	3.0	-						
4 界床遮音性能(重量衝撃源)		-	-	3.0	-						
1.3 吸音		3.0	0.20	3.0	-						
2 温熱環境		4.3	0.35	-	-	4.3	1.02		0.00%	1.02	
2.1 室温制御		4.5	0.50	-	-					1.00	
1 室温設定		4.0	0.30	3.0	-		1.00				
2 負荷変動・追従制御性		-	-	-	-						
3 外皮性能	LOW-εガラス採用	4.0	0.20	3.0	-		1.00				
4 ゾーン別制御性	基準階VAV28ゾーン	5.0	0.30	-	-		1.02			1.02	基準階28ゾーンというきめ細かい空調制御について、テナント仲介業者意見等を勘案し査定した。
5 温度・湿度制御	ゾーンごとにセンサー設けて制御	5.0	0.10	3.0	-		1.00				
6 個別制御		-	-	-	-						
7 時間外空調		5.0	0.10	-	-		1.00				
8 監視システム		-	-	-	-						
2.2 湿度制御		3.0	0.20	3.0	-					1.00	
2.3 空調方式		5.0	0.30	3.0	-		1.00			1.00	
3 光・視環境		3.9	0.25	-	-	3.9	1.01		0.00%	1.01	
3.1 昼光利用		3.6	0.30	-	-					1.00	
1 昼光率		4.0	0.60	3.0	-		1.00				
2 方位別開口		-	-	-	-						
3 昼光利用設備		3.0	0.40	3.0	-						
3.2 グレア対策		3.0	0.30	-	-					1.00	基準階20ゾーンというきめ細かいセンサー制御について、テナント仲介業者意見等を勘案し査定した。
1 照明器具のグレア		3.0	0.40	3.0	-						
2 昼光制御		3.0	0.60	3.0	-						
3.3 照度		5.0	0.15	-	-					1.00	
1 照度	性能上1200Lx可能(但しセンサーにて700Lxに調光)	5.0	0.70	3.0	-		1.01			1.01	
2 照度均斉度		5.0	0.30	3.0	-		1.00				
3.4 照明制御	きめ細かいセンサーのゾーニング	5.0	0.25	3.0	-		1.00				
4 空気質環境		4.2	0.25	-	-	4.2	1.00		0.00%	1.00	
4.1 発生源対策		4.6	0.50	-	-		1.00			1.00	
1 化学汚染物質		4.0	0.33	3.0	-		1.00				
2 アスベスト対策		-	-	-	-						
3 ダニ・カビ等		5.0	0.33	3.0	-		1.00				
4 レジオネラ対策		5.0	0.33	3.0	-		1.00				
4.2 換気		3.7	0.30	-	-		1.00			1.00	
1 換気量	基準階に自然換気採用	4.0	0.25	3.0	-		1.00				
2 自然換気性能		3.0	0.25	3.0	-						
3 取り入れ外気への配慮	給・排で外壁面を変えている	5.0	0.25	3.0	-		1.00				
4 給気計画		3.0	0.25	3.0	-						
4.3 運用管理		4.0	0.20	-	-		1.00			1.00	
1 CO_2の監視		3.0	0.50	-	-						
2 喫煙の制御		5.0	0.50	-	-		1.00				
Q2 サービス性能		—	0.30	-	-	4.0	1.02		-0.30%	1.05	
1 機能性		4.1	0.40	-	-	4.1	1.02		0.00%	1.02	
1.1 機能性・使いやすさ		4.0	0.60	-	-					1.00	
1 広さ・収納性		3.0	0.33	3.0	-						
2 高度情報通信設備対応	コンセント容量60VA/㎡	5.0	0.33	3.0	-		1.01			1.01	
3 バリアフリー計画		4.0	0.33	-	-		1.00				60VAの大容量コンセント、天井高3,000mmについて、テナント仲介業者意見等を勘案し査定した。
1.2 心理性・快適性		4.3	0.40	-	-					1.00	
1 広さ感・景観	天井高3000mm	5.0	0.33	3.0	-		1.01			1.01	
2 リフレッシュスペース		3.0	0.33	-	-						
3 内装計画		5.0	0.33	-	-		1.00				
2 耐用性・信頼性		3.5	0.31	-	-	3.5	1.00		-0.30%	1.03	
2.1 耐震・免震		3.2	0.48	-	-					1.00	
1 耐震性		3.0	0.80	-	-						
2 免震・制振性能	制震構造	4.0	0.20	-	-		1.00		-0.10%	1.01	制振構造の導入による耐久性の向上、テナント需要の安定化を勘案し査定した。
2.2 部品・部材の耐用年数		3.6	0.33	-	-					1.00	
1 躯体材料の耐用年数	100年超仕様	5.0	0.23	-	-				-0.20%	1.02	100年超使用に関しては、建物価格割合0.3、躯体割合0.7とみた場合の、耐用年数50年・100年それぞれの償却率の差を求めた。(1×0.3×0.7÷50)−(1×0.3×0.7÷100)
2 外壁仕上げ材の補修必要間隔		3.0	0.23	-	-						
3 主要内装仕上げ材の更新必要間隔		3.0	0.09	-	-						
4 配管・配線材の更新必要間隔		3.0	0.23	-	-						
5 主要設備機器の更新必要間隔		4.0	0.23	-	-						

2.4 信頼性		4.0	0.19	-	-						
1 空調・換気設備		4.0	0.20	-	-					1.00	
2 給排水・衛生設備		4.0	0.20	-	-						
3 電気設備		4.0	0.20	-	-						
4 機械・配管支持方法		4.0	0.20	-	-						
5 通信・情報設備		4.0	0.20	-	-						
3 対応性・更新性		4.4	0.29	-	-	4.4	1.00		0.00%	1.00	
3.1 空間のゆとり		4.6	0.31	-	-					1.00	
1 階高のゆとり	階高4350mm	5.0	0.60	3.0	-		1.00				
2 空間の形状・自由さ		4.0	0.40	3.0	-		1.00				
3.2 荷重のゆとり		5.0	0.31	3.0	-		1.00			1.00	
3.3 設備の更新性		3.9	0.38	-	-					1.00	
1 空調配管の更新性		4.0	0.17	-	-		1.00				
2 給排水管の更新性		5.0	0.17	-	-		1.00				
3 電気配線の更新性		5.0	0.11	-	-		1.00				
4 通信配線の更新性		3.0	0.11	-	-						
5 設備機器の更新性		3.0	0.22	-	-						
6 バックアップスペース		4.0	0.22	-	-		1.00				
Q3 室外環境（敷地内）		–	0.30	-	-	4.1	1.00		0.00%	1.00	
1 生物環境の保全と創出	ペデストリアンデッキに植栽し周辺緑地と連携	3.0	0.30	-	-	3.0	1.00			1.00	
2 まちなみ・景観への配慮	公開空地、緑化ほか、汐留街造り協議会とさまざまな取組を実施	5.0	0.40	-	-	5.0	1.00			1.00	
3 地域性・アメニティへの配慮		4.0	0.30	-	-	4.0	1.00			1.00	
3.1 地域性への配慮、快適性の向上		4.0	0.50	-	-		1.00			1.00	
3.2 敷地内温熱環境の向上		4.0	0.50	-	-		1.00			1.00	
LR 建築物の環境負荷低減性		–	-	-	-	4.0	1.00		-0.20%	1.02	
LR1 エネルギー		–	0.40	-	-	4.7	1.00		0.00%	1.00	
1 建物の熱負荷抑制		4.0	0.30	-	-	4.0	1.00			1.00	利回り反映についてはLR3で考慮
2 自然エネルギー利用		5.0	0.20	-	-	5.0	1.00			1.00	
2.1 自然エネルギーの直接利用		-	-	-	-						
2.2 自然エネルギーの変換利用	自然通風、ナイトパージ等	3.0	-	-	-						
3 設備システムの高効率化	ERR25%以上	5.0	0.30	-	-	5.0	1.00	D	0.00%	1.00	
4 効率的運用		5.0	0.20	-	-	5.0	1.00			1.00	
4.1 モニタリング	系統別、機器別の計量	5.0	0.50	-	-						
4.2 運用管理体制		5.0	0.50	-	-						
LR2 資源・マテリアル		–	0.30	-	-	3.1	1.00		0.00%	1.00	
1 水資源保護		3.6	0.15	-	-	3.6	1.00			1.00	
1.1 節水		4.0	0.40	-	-			D			
1.2 雨水利用・雑排水再利用		3.3	0.60	-	-						
1 雨水利用システム導入の有無		3.0	0.67	-	-						
2 雑排水再利システム導入の有無		4.0	0.33	-	-						
2 非再生性資源の使用量削減		3.0	0.63	-	-	3.0	1.00			1.00	
2.1 材料使用量の削減		3.0	0.07	-	-						
2.2 既存建築躯体等の継続使用		3.0	0.24	-	-						
2.3 躯体材料におけるリサイクル材の使用		3.0	0.20	-	-						
2.4 非構造材料におけるリサイクル材の使用		3.0	0.20	-	-						
2.5 持続可能な森林から産出された木材		3.0	0.05	-	-						
2.6 部材の再利用可能性向上への取組み		3.0	0.24	-	-						
3 汚染物質含有材料の使用回避		3.2	0.22	-	-	3.2	1.00			1.00	
3.1 有害物質を含まない材料の使用		3.0	0.32	-	-						
3.2 フロン・ハロンの回避		3.3	0.68	-	-						
1 消火剤		4.0	0.33	-	-						
2 断熱材		3.0	0.33	-	-						
3 冷媒		3.0	0.33	-	-						
LR3 敷地外環境		–	0.30	-	-	4.2	1.00		-0.20%	1.02	
1 地球温暖化への配慮	LCCO2 排出率72%	4.9	0.33	-	-	4.9	1.00		-0.20%	1.02	環境確保条例適用による減収リスクの回避を反映
2 地域環境への配慮		3.5	0.33	-	-	3.5	1.00			1.00	
2.1 大気汚染防止		5.0	0.25	-	-						
2.2 温熱環境悪化の改善		3.0	0.50	-	-						
2.3 地域インフラへの負荷抑制		3.0	0.25	-	-						
1 雨水処理負荷抑制	雨水の一時貯留	3.0	0.25	-	-						
2 汚水処理負荷抑制		3.0	0.25	-	-						
3 交通負荷抑制		3.0	0.25	-	-						
4 廃棄物処理負荷		3.0	0.25	-	-						
3 周辺（近隣）環境への配慮		4.3	0.33	-	-	4.3	1.00			1.00	
3.1 騒音・振動・悪臭の防止		4.3	0.40	-	-						
1 騒音		5.0	0.33	-	-						
2 振動		5.0	0.33	-	-						
3 悪臭	厨房排気に脱臭装置設置	3.0	0.33	-	-						
3.2 風害、日照阻害の抑制		4.0	0.40	-	-						2と同様
1 風害の抑制		4.0	0.70	-	-						
2 日照阻害の抑制		4.0	0.30	-	-						
3.3 光害の抑制		5.0	0.20	-	-						
1 外に漏れる光への対策		5.0	0.70	-	-						
2 昼光の建物外壁による反射光への対		5.0	0.30	-	-						
BEE値		3.39					1.00			1.00	
CASBEE項目分析による増減値							1.05	D	-0.50%	1.10	

【別表B】直接還元法

単位千円

	項目	対象不動産	通常仕様不動産	設定根拠（通常仕様との相違点）
1	賃料	1,737,481	1,641,600	通常仕様は8千円/月・㎡、対象不動産はCASBEE収入増加割合と専用部分水道光熱費節減分の半額を加算（稼働率は両者とも95%）
2	共益費			賃料に含む
3	水道光熱費（専用部分）	98,496	123,120	通常仕様は600円/月・㎡、対象不動産は省エネ設計により20%減（稼働率95%と想定、予算表参考に査定）
4	駐車場			管理組合による運営のため計上せず
5	その他	1,000	1,000	自動販売機・アンテナ設置収入等
6	運営収益	1,836,977	1,765,720	
7	公租公課	170,000	170,000	土地は実額、建物は想定
8	維持管理費	144,000	144,000	賃貸面積当り750円/月・㎡と想定（PMフィー含む）
9	水道光熱費（専用部分）	98,496	123,120	水道光熱費収入と同額
10	水道光熱費（共用部分）	25,920	32,400	賃貸面積当り150円/月・㎡、対象不動産は省エネ設計により20%減
11	損害保険料	8,100	8,100	
12	運営費用	446,516	477,620	
13	OER（運営費用/運営収益）	24.3%	27.0%	（13÷6）
14	運営純収益	1,390,461	1,288,100	（6-12）
15	保証金等の運用益(+)	0	0	流動性預金にあり、勘案せず
16	資本的支出(-)	30,000	30,000	エンジニアリングレポート等参考に査定
17	純収益	1,360,461	1,258,100	
18	還元利回り	5.00%	5.50%	下欄参照
19	直接還元法による収益価格	27,209,000	22,875,000	（15÷16）
	（通常仕様に対する価格比）	119	100	

【還元利回りの査定】

【還元利回りの査定】

項目	対象不動産	通常仕様不動産	設定根拠
エリアにおける標準利回り	5.50%	5.50%	取引利回り事例等を参考に査定
立地	-0.20%	-0.20%	最寄駅直結
テナントリスク	0.00%	0.00%	通常のマルチテナントビル
権利関係リスク	0.20%	0.20%	区分所有権
築年数	0.00%	0.00%	築10年以内
フロア面積	0.00%	0.00%	標準規模
遵法性	0.00%	0.00%	ERによれば、問題ないとのこと
CASBEE項目分析による増減	-0.50%		別表Aより
査定還元利回り	5.00%	5.50%	

【別表C】DCF法

	対象不動産	通常仕様の不動産	査定根拠
割引率	4.50%	4.80%	通常仕様不動産の環境リスク分除去(-0.2P)。別途、定期借家契約による収入安定性考慮(それぞれ-0.5P)。
最終還元利回り	5.30%	5.60%	保有期間満了時以降の収益予測に伴う不確実性等を勘案、還元利回り(通常仕様不動産は環境リスク除去後)+0.3%の水準にて査定。
譲渡経費率	2.00%	2.00%	不動産仲介手数料率等(規模を勘案)

水道光熱費に関しては5年目以降、年2%の上昇を想定
賃料・その他の収入、及び運営費用(水道光熱費以外)に関しては5年目以降、年1%の上昇を想定

対象不動産のDCF評価

	1	2	3	4	5	6	7	8	9	10	11
賃料	1,737,481	1,737,481	1,737,481	1,737,481	1,737,481	1,737,481	1,737,481	1,737,481	1,737,481	1,737,481	1,737,481
共益費	0	0	0	0	0	0	0	0	0	0	0
水道光熱費(専用部分)	98,496	98,496	98,496	98,496	98,496	98,496	98,496	98,496	98,496	98,496	98,496
駐車場	0	0	0	0	0	0	0	0	0	0	0
その他	1,000	1,000	1,000	1,000	1,000	1,000	1,000	1,000	1,000	1,000	1,000
運営収益	1,836,977	1,836,977	1,836,977	1,836,977	1,836,977	1,836,977	1,836,977	1,836,977	1,836,977	1,836,977	1,836,977
公租公課	170,000	170,000	170,000	170,000	170,000	170,000	170,000	170,000	170,000	170,000	170,000
維持管理費	144,000	144,000	144,000	144,000	144,000	144,000	144,000	144,000	144,000	144,000	144,000
水道光熱費(専用部分)	98,496	98,496	98,496	98,496	98,496	98,496	98,496	98,496	98,496	98,496	98,496
水道光熱費(共用部分)	25,920	25,920	25,920	25,920	25,920	25,920	25,920	25,920	25,920	25,920	25,920
損害保険料	8,100	8,100	8,100	8,100	8,100	8,100	8,100	8,100	8,100	8,100	8,100
運営費用	446,516	446,516	446,516	446,516	446,516	446,516	446,516	446,516	446,516	446,516	446,516
OER(運営費用/運営収	24.3%	24.3%	24.3%	24.3%	24.3%	24.3%	24.3%	24.3%	24.3%	24.3%	24.3%
運営純収益	1,390,461	1,390,461	1,390,461	1,390,461	1,390,461	1,390,461	1,390,461	1,390,461	1,390,461	1,390,461	1,390,461
保証金等の運用益(+)											
資本的支出(-)	30,000	30,000	30,000	30,000	30,000	30,000	30,000	30,000	30,000	30,000	30,000
純収益	1,360,461	1,360,461	1,360,461	1,360,461	1,360,461	1,360,461	1,360,461	1,360,461	1,360,461	1,360,461	1,360,461
現価率	0.95694	0.91573	0.87630	0.83856	0.80245	0.76790	0.73483	0.70319	0.67290	0.64393	純収益現価合計
純収益現価	1,301,877	1,245,815	1,192,167	1,140,830	1,091,703	1,044,692	999,705	956,656	915,460	876,038	10,764,944

売却時純収益	1,360,461
復帰価格	25,669,075
譲渡経費	513,381
復帰価値	25,155,693
現価率	0.64393

復帰価値の現在価値	16,198,447
純収益の現在価値	10,764,944
DCF評価額	**26,963,000**

通常仕様不動産のDCF評価

	1	2	3	4	5	6	7	8	9	10	11
賃料	1,641,600	1,641,600	1,641,600	1,641,600	1,641,600	1,641,600	1,641,600	1,641,600	1,641,600	1,641,600	1,641,600
共益費	0	0	0	0	0	0	0	0	0	0	0
水道光熱費(専用部分)	123,120	123,120	123,120	123,120	123,120	123,120	123,120	123,120	123,120	123,120	123,120
駐車場	0	0	0	0	0	0	0	0	0	0	0
その他	1,000	1,000	1,000	1,000	1,000	1,000	1,000	1,000	1,000	1,000	1,000
運営収益	1,765,720	1,765,720	1,765,720	1,765,720	1,765,720	1,765,720	1,765,720	1,765,720	1,765,720	1,765,720	1,765,720
公租公課	170,000	170,000	170,000	170,000	170,000	170,000	170,000	170,000	170,000	170,000	170,000
維持管理費	144,000	144,000	144,000	144,000	144,000	144,000	144,000	144,000	144,000	144,000	144,000
水道光熱費(専用部分)	123,120	123,120	123,120	123,120	123,120	123,120	123,120	123,120	123,120	123,120	123,120
水道光熱費(共用部分)	32,400	32,400	32,400	32,400	32,400	32,400	32,400	32,400	32,400	32,400	32,400
損害保険料	8,100	8,100	8,100	8,100	8,100	8,100	8,100	8,100	8,100	8,100	8,100
排出権買取					10,800	10,800	10,800	10,800	10,800	34,000	34,000
運営費用	477,620	477,620	477,620	477,620	488,420	488,420	488,420	488,420	488,420	511,620	511,620
OER(運営費用/運営収	27.0%	27.0%	27.0%	27.0%	27.7%	27.7%	27.7%	27.7%	27.7%	29.0%	29.0%
運営純収益	1,288,100	1,288,100	1,288,100	1,288,100	1,277,300	1,277,300	1,277,300	1,277,300	1,277,300	1,254,100	1,254,100
保証金等の運用益(+)											
資本的支出(-)	30,000	30,000	30,000	30,000	30,000	30,000	30,000	30,000	30,000	30,000	30,000
純収益	1,258,100	1,258,100	1,258,100	1,258,100	1,247,300	1,247,300	1,247,300	1,247,300	1,247,300	1,224,100	1,224,100
現価率	0.95420	0.91049	0.86879	0.82900	0.79103	0.75480	0.72023	0.68724	0.65577	0.62573	純収益現価合計
純収益現価	1,200,477	1,145,493	1,093,028	1,042,966	986,653	941,463	898,342	857,197	817,936	765,956	9,749,512

売却時純収益	1,224,100
復帰価格	21,858,929
譲渡経費	437,179
復帰価値	21,421,750
現価率	0.62573

復帰価値の現在価値	13,404,238
純収益の現在価値	9,749,512
DCF評価額	**23,154,000**

【別表D】取引事例比較法

採用した主な取引事例及び比準価格の試算

符号	概　　要	取引年月日	取引価格 (a)	事情補正 (b)	時点修正 (c)	標準化補正 (d)	地域要因の比較 (e)	建物品等格差補正 (f)	個別的要因 CASBEE (g)	個別的要因 (g) 以外 (h)	a×b×c×d×e×f×g×h×i	比準価格
①	○区○○２丁目 ○○造地上○階建 延床面積　○○㎡ ○○年建築	平成20年8月	1,250,000円/㎡	$\frac{100}{100}$	$\frac{97}{100}$	$\frac{100}{98}$	$\frac{100}{95}$	$\frac{100}{95}$	$\frac{110}{100}$	$\frac{100}{100}$	1,508,000円/㎡	1,510,000円/㎡
②	○区○○２丁目 ○○造地上○階建 延床面積　○○㎡ ○○年建築	平成20年8月	1,400,000円/㎡	$\frac{100}{100}$	$\frac{97}{100}$	$\frac{100}{100}$	$\frac{100}{100}$	$\frac{100}{100}$	$\frac{110}{100}$	$\frac{100}{100}$	1,493,800円/㎡	
③	○区○○２丁目 ○○造地上○階建 延床面積　○○㎡ ○○年建築	平成20年７月	1,600,000円/㎡	$\frac{100}{100}$	$\frac{96}{100}$	$\frac{100}{100}$	$\frac{100}{110}$	$\frac{100}{100}$	$\frac{110}{100}$	$\frac{100}{100}$	1,536,000円/㎡	

環境を考えた不動産は価値が上がる

2009年6月1日　初版発行

編　著　(社)日本不動産鑑定協会
　　　　調査研究委員会
発行者　中野　博義
発行所　㈱住宅新報社
〒105-0003　東京都港区西新橋1-4-9（TAMビル）
編集部　☎　03(3504)0361
出版販売部　☎　03(3502)4151
URL http://www.jutaku-s.com

大阪支社　〒530-0005　大阪市北区中之島3-2-4（大阪朝日ビル）　☎06(6202)8541㈹

印刷・製本／藤原印刷㈱　Printed in Japan
定価はカバーに表示してあります。落丁本・乱丁本はお取り替えいたします。
ISBN 978-4-7892-2985-2　C2030